KB266607

인생행전

세움북스는 기독교 가치관으로 교회와 성도를 건강하게 세우는 바른 책을 만들어 갑니다.

인생행전

쉼과 누림의 인문학

초판 1쇄 인쇄 2026년 4월 15일
초판 1쇄 발행 2026년 4월 21일

지은이 | 오용주
펴낸이 | 강인구
펴낸곳 | 세움북스

등 록 | 제2014-000144호
주 소 | 서울시 종로구 대학로 19 한국기독교회관 1010호
전 화 | 02-3144-3500
이메일 | holy-77@daum.net

교 정 | 이영철
디자인 | 참디자인

ISBN 979-11-93996-78-2 (03230)

쉼과 누림의 인문학

인·생·행·전·

세움북스

오용주 지음

세움북스

세상은 우리를 끊임없이 다그친다.

> '지금 당신의 지경은 얼마나 높아졌는가?'
> '얼마나 더 커졌는가?'
> '얼마나 많이 유명해졌는가?'

지금 우리는 숫자와 규모, 속도와 성과로 한 사람의 가치를 재단하는 시대에 살고 있다. 성공이 곧 성실이고 미덕이라고 믿게 하는 이 세상 가운데서 우리는 매일 저울질 당하며 살아간다. 그러나 모든 사람이 우상향의 파도를 타고 있는 건 아니다. 성공을 마치 신앙처럼 떠받드는 이 거대한 흐름 속에서 가만히 숨죽이고 있는 이들이 있다. 한쪽에서는 보이지 않는 무게에 눌린 수많은 이들이 조용히 시들어간다. 이런 세상의 한복판에서 갈 바를 모르고 지친 이들에게 나는 조용히 묻고 싶다.

> '과연 우리의 존귀함이 성취의 크기로 결정되는가?'
> '사람들의 박수갈채와 타인과의 비교가 우리의 존재를 정의할
> 수 있는가?'

1980년, 당시 한국 사회는 매우 혼란스러웠다. 내가 몸담고 있는 교단과 학교 역시 한 치 앞을 내다볼 수 없는 시절이었다. 그 불확실성의 한가운데서 나는 도피하듯 유학길에 올랐다. 그리고 45년이라는 세월을 건너 다시 고국으로 돌아왔다. 그러나 내가 맞닥뜨린 건, 이곳에서도 나는 여지없이 이방인이라는 사실이다.

모든 면에서 눈부시게 발전하고 변화한 한국 생활에 적응하는 것은 쉽지 않았다. 무엇보다 내 마음을 무겁게 한 것은 사회 깊숙이 자리 잡은 양극화였다. 생각과 가치, 세대와 계층 사이의 간극은 생각보다 깊었다. 서로 간에 소통은 점점 어려워졌고, 각자의 언어는 서로에게 가 닿지 못한 채 허공에서 흩어졌다.

관점이 다르면 생각의 결이 달라지고, 결국 서로의 언어도 엇갈린다. 어느새 발전과 변화를 최고의 미덕으로 삼는 우리 사회는 서로를 바라보는 일 따위에는 곁을 내주지 않는다. 이러한 불통의 원인은 결국 '무엇을 보느냐', 즉 어떤 창으로 세상을 바라보느냐 하는 데서 찾을 수 있다.

그러나 우리가 잊고 있는 분명한 한 가지 진실이 있다. 우리의 가치는 우리가 쌓아 올린 업적에서 나오는 것이 아니다. 우리를 부르신 하나님의 선택과 사랑이 이미 우리를 존귀한 존재로 만들었다는 사실이다. 세상의 성공주의 문화는 더 높은 곳으로 오르라고 끊임없이 채찍질하지만, 하나님의 부르심은 경쟁을 전제로 하지 않는다. 그분은 우리를 성취로 줄 세우거나 비교의 잣대를 들이밀지 않으신다. 각기 다른 자리에서 자신만의 색채로 빛나도록 부르시고, 각 사람을 고유한 모습으로 창조하신 그분의 섭리를 드러내실 뿐이다.

지금 돌아보면, 이 땅을 떠나고 다시 돌아오는 그 모든 선택의 이면에는 내 셈법이 아니라, 하나님의 은혜가 먼저 있었다. 낯선 언어와 문화 속에서 학업을 마칠 수 있었던 것도, 이후 이민 목회의 현장으로 나가게 된 것도 모두 그분의 인도하심이었다. 이민자들의 고단한 삶 속에서 나는 수많은 이들의 눈물과 웃음, 좌절과 회복을 목격했다. 그래서 우리가 감당하는 사역의 규모가 크든 작든, 세상의 눈에 띄든 그렇지 않든, 그것이 하나님께서 맡기신 자리라면 그 자체로 영광이다. 나는 우연히 던져진 작은 점이 아니라, 하나님의 치밀한 계획 안에서 지음받은 소중한 한 사람이다. 그분이 맡기신 사역은 크기나 규모와 상관없이 이미 그분의 영광으로 빛나기 때문이다.

그래서 이제는 세상의 기준이 아니라, 하나님의 시선으로 자신을 바라봐야 한다. 성공이 아니라 부르심이, 결과가 아니라 순종이, 비교가 아니라 충성이 우리의 삶을 정의한다는 것을 기억하자. 그때 우리는 비로소 세상의 평가로부터 자유로워지고, 그 자유 안에서 다시 담대히 한 걸음을 내딛을 힘을 얻게 될 것이다.

나는 이 소박한 기록이 한국의 목회자와 성도들에게 삶의 또 다른 결을 보여주는 작은 '창(窓)'이 되리라 믿는다. 또 이 글이 낙심한 이들에게 잠시 멈춰 쉴 수 있는 '숨 고르기'가 되기를 바란다. 나를 부르신 하나님이 얼마나 크고 위대하신 분인지, 그리고 그 위대하신 분이 나라는 작은 존재를 기억하시고 사용하신다는 사실이 얼마나 놀라운 은혜인지를 다시금 깨닫는 시간이 됐으면 한다.

한 사람의 영웅담이 아닌, 우리 모두의 일상이 담긴 이 책이 나오기까지 수고해주신 모든 분께 감사드린다.

2026년 2월 28일
오용주

미국 자동차 산업의 상징적 중심지라면 자연히 미시간주 디트로이트라는 도시가 떠오른다. 한때 빅3로 불리는 제너럴모터스, 포드, 크라이슬러가 전성기를 구가하던 도시다. 하지만 나에게 디트로이트는 자연스럽게 라인홀드 니버(Karl Paul Reinhold Niebuhr, 1892~1971)를 생각하게 된다. 산업화의 한복판에서 노동자들의 삶을 보며, 그는 개인의 도덕성과 사회의 비도덕성 사이의 긴장을 신학적으로 해석해냈던 목회자며 신학자였다. 그러나 이제는 그 도시에 또 한 사람을 함께 떠올리게 된다. 그곳 허허벌판에 교회를 개척하여 34년이란 긴 세월 동안 목회하면서 고단한 이민자들의 삶을 가까이에서 품어 온 친구 오용주 목사다.

나는 그를 수십 년 동안 알아 온 사람으로서, 이 책을 조금은 다른 마음으로 읽었다. 이 책은 어떤 특별한 사건을 기록한 책이 아니다. 오히려 지나가는 일상, 누구나 겪을 법한 이야기들이 조용히 쌓여 있는 책이다. 그런데 이상하게도, 그 평범한 이야기들이 읽는 이의 마음을 오래 붙든다. 아마도 그것은 저자가 그 일상을 바라보는 신학적 눈이 남다르기 때문일 것이다. 이제 45년이라는 타국에서의 긴 시간을 지나 인생의 석양 녘에 다시 한국으로 돌아온 저자에게, 이 땅은 익숙하면서도 낯선 곳이었을 것이다. 그래서인지 그의 글에는 우리가 너무 익숙해 미처 보지 못했던 것들이 새롭게 드러난다. 익숙한 풍경이 낯설게 보이고, 당연하게 여겼던 삶이 다시 질문으로 다가온다. 나는 그 시선이 참 고맙게 여겨진다.

책은 저자의 귀환과 함께 시작된다. 제1장에서 저자는 45년 만에 돌아온 고국에서 느끼는 이방인 의식, 사회의 양극화, 소통의 단절을 통해 질문이 제기한다. 인간의 가치는 무엇으로 결정되는가? 성취인가, 존재인가? 여기서 저자는 분명히 선언한다. 인간의 존귀함은 성취가 아니라 하나님의 선택과 사랑에서 나온다고. 제2장에선 좀 더 개인적인 서사를 들려준다. 삶의 여정으로 이민 목회 이야기다. 은퇴를 통해 지난 삶을 돌아보며, 저자는 "하루치 만나"로 살아온 신앙을 고백한다. 이민교회 목회하면서 겪었던 세대 갈등, 문화 충돌, 유동성 등을 뒷거울(rear mirror)로 바라본다. 제3장에서 저자는 내면으로 이동하면서 "여백의 삶"의 소중함을 꺼낸다. 저자는 바쁨과 성취 중심의 삶을 해체하고 "누림"과 "쉼"이라는 신앙적 미학을 제시한다.

북미 개혁파(CRC) 목사로서 평생을 살아온 저자답게 4장은 저자의 신학적 자세를 선명하게 드러낸다. 왕국 신학(Kingdom theology)이라는 "하나님 나라"를 신학적 중심으로 삼고 십자가의 사랑, 낮아짐의 위대함,

일상의 신비, 하나님 나라의 현재성을 다룬다. 하나님 나라는 미래가 아니라 지금 여기에서 살아내는 삶의 방식이라는 저자의 주장은 개혁파(특히 카이퍼리안) 신학의 묵직한 면모를 보여준다.

저자는 다문화학(intercultural studies)로 박사학위를 취득한 학자 목사다. 제5장은 책에서 가장 날카로운 부분으로 한국 교회의 구조적 문제를 문화—신학적 진단과 함께 비판적 통찰을 담고 있다. 한국 교회 안에 잠재한 유교, 도교, 무속 신앙의 잔재를 드러내고, 예배와 삶의 분리 비판하면서 상식적 신앙과 통전적 사고를 추구하라고 권면한다.

제6장은 실천 영역으로 공동체와 리더십을 다룬다. 권위가 아닌 섬김과 관계 중심 리더십 강조하는 점은 우리가 다시금 차분하게 기억해야 할 가르침이다. 저자는 매우 적절하게도 말과 경건, 공동체 가치, 소명 등을 다루면서 삶을 해석하는 지혜의 언어로 마무리한다.

나는 이 책을 읽으며, 저자가 오랜 세월 한자리에서 사람들을 섬겨 온 목회자라는 사실을 다시 느꼈다. 그가 쓴 문장 하나하나에는 사람을 향한 이해와 기다림이 배어 있다. 그래서 이 책은 읽는 내내 마음을 서두르게 하지 않았다. 오히려 잠시 멈추어, 내 삶을 돌아보게 만든다. 어쩌면 이 책은 새로운 것을 말하려는 책이 아니라, 우리가 이미 알고 있으나 잊고 살아가는 것들을 다시 떠올리게 하는 책인지도 모르겠다. 그래서 더 오래 마음에 남는다.

나는 이 책을, 바쁜 걸음을 잠시 멈추고 싶은 이들에게 권하고 싶다. 그리고 자신의 삶을 하나님 앞에서 다시 바라보고 싶은 이들에게도 조용히 건네고 싶다. 나는 지금 봄비가 가랑거리며 내리는 조용한 숲에서 이 글을 쓴다. 향내 나는 커피 한 잔을 앞에 두고 63편의 단품 에세이를 하나씩 읽어간다. 잠시 덮고 창밖을 내다본다. 여운이 남는 이 책을 여러분들에게도 추천하고 싶다.

류호준 _ 다니엘의 샘 원장, 전 백석대학교 신학대학원 은퇴 교수

목차

Chapter 1. 나의 이민 목회 이야기

Chapter 2. 여백의 삶

Chapter 3. 누림과 창조 영성

Chapter 1.

나의 이민 목회 이야기

은퇴에 즈음하여

2020년 12월, 나는 현역 목회에서 은퇴했다. 흔히 은퇴를 맞으면 서운함이나 허전함이 먼저 밀려온다고들 하지만, 내 마음은 의외로 담담했다. 오래전부터 마음으로 준비해 왔기 때문일 것이다. 한 시대를 정리하는 시간 앞에 서면서, 나는 자연스럽게 함석헌 선생의 고백을 떠올렸다. 그는 자신의 삶을 두고 '님의 발끝에 치여서 여기까지 왔다'고 했다. 나 또한 그렇다. 사랑하는 주님의 발이 나를 한 걸음 한 걸음 몰아 여기까지 이르게 하셨다. 마치 노련한 축구선수가 능숙한 발놀림으로 공을 몰고 가듯, 나는 그저 주님의 이끄심에 밀려 여기까지 왔을 뿐이다. 결코 내가 잘나서 온 길이 아니다.

돌이켜보면 내 삶은 어느 한 부분도 넉넉하지 않았다. 학문도, 사역도, 생활도 늘 아슬아슬했다. 외형은 목회자였으나 내면은 늘 부족함을 안고 있었다. 좀 더 담대할 수는 없었을까, 좀 더 너그러울 수는 없었을까,

더 지혜롭고 더 성결할 수는 없었을까 자문해 보면, 부끄러움이 먼저 떠오른다. 맺고 끊는 일이 흐릿했던 때도 있었다. 더 사랑하고 더 표현하며 친근하게 섬기고 싶었으나, 미치지 못한 순간도 많았다. 최선을 다했다고는 말할 수 있어도, 충분했다고는 말할 수 없다.

어려운 여건 속에서 토지를 구입하고 예배당을 세웠던 시간은 특히 잊을 수 없다. 그 과정에서 땀과 눈물로, 때로는 자신의 삶을 내어놓듯 동역해 준 성도들의 헌신은 지금도 내 가슴에 깊이 남아 있다. 말로 다 표현할 수 없는 고마움이다. 나처럼 부족한 사람이 34년 동안 한 공동체를 섬길 수 있었다는 사실은 전적으로 하나님의 은혜요 기적이었다. 더 구체적으로 말하자면, 첫째는 하나님의 특별한 긍휼이었고, 둘째는 나의 부족함을 덮어 준 성도들의 깊은 이해와 사랑 그리고 용납이었다.

나는 종종 광야의 이스라엘을 생각한다. 하나님께서 왜 하루치 만나만 허락하셨을까. 안식일을 제외하고는 이틀치를 허용하지 않으셨다. 그들은 매일같이 하늘을 바라보아야 했다. 공급의 근원이 자신이 아니라 하나님께 있음을 몸으로 배우는 훈련이었다. 내일은 하나님의 손에 있고, 오늘은 하나님을 앙망하는 자의 몫이라는 사실을 삶으로 새기게 하신 것이다.

내 삶 역시 광야의 복사판과 같았다. 하나님께서는 늘 '겨우 겨우' 살게 하셨다. 넉넉함 대신 의존을, 풍요 대신 갈망을 허락하셨다. 그 훈련을 통해 나는 한 가지 분명한 사실을 배웠다. 하나님의 은혜 없이는 되는 일이 없다는 것이다. 은혜의 시선을 벗어나는 순간, 나는 금세 게을러지고 자만에 빠졌다. 내게 있는 것이 마치 내 것인 양 착각하며 자랑하려 했다. 그때마다 떠오르는 장면이 있다. 물 한 모금을 머금고 하늘을 한번 쳐다보는 병아리의 모습이다. 내 믿음의 여정이 꼭 그와 같았다.

은퇴 후에도 나는 여전히 그렇게 살고 있다. 하루치 만나로, 물 한 모금에 하늘을 올려다보며 사는 삶. 누군가에게는 여유 없어 보일지 모르나, 나에게는 가장 안전한 길이며 가장 복된 자리다. 하나님을 향해 고개를 드는 이 단순한 동작이 내 영혼의 안전장치가 되었기 때문이다. 그리고 아마도 나는 남은 생애 동안에도, 그렇게 주님의 발끝에 치여 한 걸음씩 걸어가게 될 것이다.

45년 만에

45년 만에 고국에 돌아왔다. 긴 세월을 건너 다시 밟은 대한민국은, 눈부신 발전과 변화된 모습으로 나를 맞아 주었다. 거리마다 질서가 잡혀 있었고, 삶의 방식은 놀라울 만큼 편리해졌다. 세계 속에서 당당히 자리 잡은 조국의 모습은 자랑스러웠다. 한 세대를 훌쩍 넘는 시간 동안 나라가 이룬 성취는 경이로웠다.

그러나 사회의 역동적인 변화와는 달리, 교회의 모습에서는 다른 인상을 받았다. 마치 변화의 문을 굳게 걸어 잠근 채, 전통과 권위를 지키기 위해 철옹성을 쌓고 있는 듯했다. 세상은 평등과 소통을 이야기하는데, 교회 안에서는 여전히 계층 간·세대 간의 보이지 않는 장벽이 느껴졌다. 기독교가 본래 지니고 있는 복음의 평등 정신과는 거리가 있어 보이는 모습도 적지 않았다. 유교적 권위 의식과 오래된 문화적 관습을 충분히 성찰하지 못한 채, 그것을 신앙의 본질과 동일시하는 경향이 남아 있는 듯했다.

교회는 세상에 속한 공동체는 아니지만, 세상 한가운데 존재하며 세상을 밝히는 소명을 받은 공동체다. 빛은 어둠과 단절함으로 존재하는 것이 아니라, 어둠 속에서 빛남으로 존재한다. 그럼에도 불구하고 교회가 세속화에 대한 과도한 두려움이나 근본주의적 경향 속에서 세상과의 건강한 대화를 단절하고 있지는 않은지 돌아보게 된다. 세상과 구별됨은 필요하지만, 세상과의 단절은 사명 포기일 수 있기 때문이다.

또 하나 마음을 무겁게 하는 것은, 교회 안에 여전히 무교적 신앙이 깊게 남아 있다는 점이다. 불안한 시대를 살아가다 보니 사람들의 마음이 더욱 쉽게 흔들리는지도 모른다. 최근 접한 여러 책자와 편지에는 지옥 체험이나 신비한 계시를 다룬 개인적 경험담이 적지 않았다. 대부분의 성도는 그것을 분별하며 받아들이겠지만, 신앙의 기초가 단단하지 않은 이들에게는 두려움과 혼란을 안겨줄 수 있다. 성경과 신학적 성찰, 교회의 오랜 전통과 하나님의 섭리의 역사에 대한 깊은 이해 없이, 개인의 꿈과 체험을 절대적 계시처럼 유포하는 일은 매우 위험하다.

세상은 여전히 만사형통과 신비한 능력을 갈망한다. 그러나 하나님께서 원하시는 것은 자녀들이 기적을 좇는 사람이 아니라, 주님을 본받아 변화된 삶을 살아가는 사람이 되는 것이다. 사람이 무엇에 매여 사느냐는 질문은 곧 그 인생의 방향을 결정한다. 첨단 과학 문명 시대를 살아가면서도 여전히 많은 사람이 미신에 의존한다는 사실은 아이러니하다.

미신은 믿으면 믿을수록 자유를 앗아간다. 이사와 결혼 날짜를 택일에 의존하며, 어떤 이는 '영기가 막힌다'는 이유로 집 안의 못 하나도 마음대로 박지 못한다. 미신은 두려움을 먹고 자란다. 일부 점쟁이들이 '조심해, 3년이 고비다'라는 식의 말로 불안을 심어 주는 이유는 분명하다. 사람을 자유롭게 하기 위함이 아니라, 그 불안에 묶어 두기 위함이다. 인생이란 크고 작은 사건의 연속인데, 3년 동안 아무 일도 없으리라 기대하는 것 자체가 비현실적이다. 결국 그 말은 반드시 적중한 것처럼 보이게 돼 있다.

그리스도인의 신앙은 사건의 유무에 달려 있지 않다. 어떤 사건 속에서도 하나님께서 우리를 붙드신다는 믿음 위에 선다. 그러나 점쟁이의 한

마디를 분별없이 받아들이는 순간, 믿음은 힘을 잃고 불안이 자리를 차지한다. 두려움은 영혼을 묶고, 사람을 노예처럼 만든다.

참된 자유는 하나님의 말씀에 매일 때 온다. 말씀에 매인 사람은 세상의 변화 속에서도 흔들리지 않는다. 그러나 저주와 협박의 언어에 매인 사람은 점점 더 위축되고 불행해진다. 자유를 주시기 위해 오신 주님을 따르는 공동체라면, 무엇보다 두려움이 아니라 진리로 사람을 이끌어야 한다.

45년 만에 돌아온 조국에서 나는 눈부신 발전을 보았다. 이제 교회 역시 외형의 성장을 넘어, 복음이 주는 자유와 평등, 그리고 분별의 지혜로 새로워지기를 간절히 소망한다. 그것이야말로 변화하는 시대 속에서 교회가 다시 신뢰를 회복하는 길일 것이다.

이민 목회를 시작하다

1987년, 나는 낯선 미국 땅에서 작은 교회를 개척하며 첫 예배를 드렸다. 모든 것이 서투르고 불안했지만, 그 자리에 모인 이들의 눈빛은 서로를 향한 깊은 연대감으로 빛나고 있었다. 우리는 단일한 언어를 사용했고, 비슷한 정서를 공유했으며, 무엇보다 고단한 이민자의 현실을 함께 짊어지고 있었다. 그때 교회는 단순한 신앙 공동체가 아니었다. 삶의 피난처였고, 서로의 생존을 돕는 울타리였다.

세월은 유유히 흘렀다. 그 시간 속에서 나는 이민 교회 안에 일어나는 문화적 변화의 소용돌이를 온몸으로 겪었다. 시대의 변화는 교회의 언어를 바꾸었고, 신앙의 표현을 달라지게 했으며, 헌신의 방식마저 새롭게 정의하도록 만들었다. 그것은 급격한 단절이 아니라 서서히, 그러나 분명한 교회 문화의 이동이었다.

초기 이민 1세대의 희생과 헌신은 분명 존중받아 마땅하다. 불안정한 신분과 경제적 어려움 속에서도 그들은 교회를 세웠고, 예배를 지켰으며, 자녀들을 신앙 안에서 키워내고자 눈물로 기도했다. 교회는 그들의 수고와 눈물의 산물이었고, 헌신은 선택이 아니라 삶 그 자체에 가까웠다. 그러나 시간이 흐르면서 나는 깨닫게 되었다. 그 고귀한 유산을 오늘의 세대를 재단하는 절대적 기준으로 삼는 순간, 교회는 시대와 대화하지 못하는 공간이 될 수 있다는 사실을. 사회 환경이 달라지고 문화가 변하면, 신앙은 다른 언어로 질문될 수밖에 없고, 헌신 또한 다른 형태로 표현될 수밖에 없다.

이민 교회에서 가장 뚜렷하게 드러난 현상은 세대 간 단절과 문화적 갈등이었다. 내가 섬기던 교회에서도 1세대는 한국어 예배와 전통적 방식을 고수했고, 2세대는 영어와 현지 문화에 익숙한 예배를 선호했다. 한 지붕 아래에서 부모와 자녀가 서로 다른 예배 공동체에 속하는 모습은 더 이상 낯선 풍경이 아니었다. 언어의 차이는 단순한 의사소통의 문제가 아니라, 정체성의 문제로 이어졌다. 특히 2세대는 한인 교회의 문화적·종교적 틀 안에서 자신의 삶을 온전히 담아내지 못한다고 토로했다. 그들 중 상당수는 결국 현지 미국 교회로 옮겨 갔다. 그것은 단순한 교회 이동이 아니라, 자신이 누구인가를 선택하는 행위였다.

2,000년 이후 한국 사회의 변화 역시 이민 교회에 적지 않은 영향을 주었다. 경제적 안정과 생활 여건의 개선으로 이민자의 유입은 점차 줄어들었고, 한때 활기로 가득하던 교회는 고령화의 길로 접어들었다. 1세대 중심으로 형성된 교회 문화와 리더십 구조는 자연스럽게 다음 세대로의 전환을 허락하지 않았다. 1.5세대와 2세대를 중심으로 새로운 교회들이 세워지기도 했지만, 재정적 자립은 또 다른 현실적 장벽이었다. 세대 간 협력은 더 이상 이상적인 구호가 아니라, 공동체의 생존과 직결된 과제가 되었다.

우리 교회가 자리했던 미시간 주 디트로이트 지역은 한국인이 많지 않은 중소 도시였다. 성도들 대부분은 유학을 마쳤거나 한국 기업의 지사와 주재 사무소에서 일하는 이들이었다. 대대로 뿌리내린 가정은 거의 없었고, 직장과 비자 문제는 언제나 삶을 좌우하는 변수였다. 환경의 변화에 따라 성도들이 이동하는 일은 잦았고, 공동체는 늘 유동적이었다.

한국 교회에서 경험하는 끈끈한 연대감은 상대적으로 약했으며, 작은 상처 하나로도 교회를 떠나는 일이 적지 않았다. 이민 교회는 본질적으로 '흐르는 공동체'였다.

여기에 포스트모더니즘의 확산과 급속한 세속화는 또 다른 도전으로 다가왔다. 젊은 세대일수록 전통적인 교회 운영 방식과 신앙 표현에 거리감을 느꼈고, 교회에 대한 소속감과 헌신의 강도는 눈에 띄게 약해졌다. 신앙은 더 이상 삶을 지배하는 절대적 중심 가치라기보다, 여러 선택지 가운데 하나로 인식되기 시작했다. 교회는 헌신의 공동체라기보다 필요에 따라 드나드는 공간처럼 여겨지기도 했다. 특히 2010년 이후 이민 온 젊은 세대나 1.5세대, 2세대에게 과거와 같은 방식의 헌신을 기대하는 일은 현실적으로 쉽지 않았다. 세대의 변화는 헌신의 깊이뿐 아니라 표현의 방식까지 근본적으로 달라지게 했다.

그럼에도 이민 교회는 타국에서 한민족의 신앙 유산을 지켜 온 소중한 공동체다. 1세대가 세운 토대는 여전히 귀한 자산이다. 동시에 1.5세대와 2세대의 부상은 교회가 새로운 질문 앞에 서 있음을 의미한다. 언어와 문화의 차이, 정체성의 혼란, 재정 구조의 한계, 차세대 목회자 양성의 문제는 더 이상 미룰 수 없는 현실이다.

이제 교회는 과거의 건강한 전통을 단절 없이 계승하되, 급변하는 다문화 사회에 유연하게 대응해야 한다. 세대 간 융합을 위한 체계적인 교육과 서로의 언어와 문화를 이해하려는 겸손한 노력이 필요하다. 교회 담장 안에 머무는 신앙을 넘어, 지역사회와 세계를 향해 열려 있는 외향적 사명도 회복해야 한다.

긴 목회의 여정을 돌아보며 나는 스스로에게 묻는다. 우리가 끝까지 지켜야 할 삶의 본질은 무엇인가. 변화는 피할 수 없지만, 방향은 선택할 수 있다. 그리고 새롭게 배워야 할 언어는 무엇인가. 이 질문을 붙들고 있는 한, 이민 교회의 이야기는 멈추지 않을 것이다. 변화의 파도 속에서도 복음의 본질을 잃지 않는 길, 바로 그 길 위에서 우리의 다음 세대가 다시 희망을 발견하게 되기를 소망한다.

나는 나입니다

교회를 개척하고 시간이 흘러 사역이 조금씩 자리를 잡아갈 즈음, 나는 비로소 목회의 보람을 느끼기 시작했다. 초창기 교회에 모여든 이들 대부분은 한국에서 신앙생활을 열심히 하다 이민 온 성도들이었다. 낯선 땅에서 다시 시작하는 삶 속에서, 교회는 그들에게 익숙한 언어와 정서를 제공하는 안식처였다.

그러나 시간이 흐르면서 한 가지 공통된 특징이 내 눈에 들어왔다. 많은 성도들이 한국 교회 공동체와 자신들의 신앙 형성에 깊은 영향을 주었던 목회자들을 여전히 마음에 품고 살아가고 있다는 사실이었다. 그것은 단순한 추억이 아니라, 현재를 판단하는 기준처럼 보였다. 나중에야 알게 되었지만, 이런 현상은 이민 교회에서 흔히 볼 수 있는 풍경이었다.

그 영향은 생각보다 깊었다. 인생의 중요한 선택의 순간이 오면, 이민 사회의 현실을 누구보다 잘 알고 있는 담임 목회자인 나와 상의하기보다, 한국에 있는 목회자나 기도원 권사에게 연락해 조언을 구하는 경우가 적지 않았다. 때로는 그들의 '기도 응답'을 결정의 근거로 삼기도 했다. 신앙의 언어를 사용하고 있었지만, 그것이 언제나 건강한 분별로 보이지는 않았다. 오히려 주술적 의존에 가까워 보일 때도 있었다.

그렇다고 그들을 쉽게 비판할 수는 없었다. 한 사람의 신앙을 형성한 영향력이 얼마나 깊은지 나는 알고 있었다. 더구나 이민 교회이자 개척 교회라는 현실 속에서, 우리의 규모나 환경은 한국의 대형 교회들과 비교할 수 없었다. 한국 교회를 그리워하는 그들의 마음과 의존을 나는 이해하려 애썼고, 시간이 필요하다고 스스로를 설득했다.

하지만 또 하나의 공통된 기대가 나를 향하고 있음을 점점 느끼게 되었다. 성도들은 내 안에서 자신들이 존경하며 따랐던 한국의 목회자 모습을 보고 싶어 했다.

그 말은 단순한 회상이 아니었다. '그 목사님처럼 목회해 달라'는 요청이 그 안에 담겨 있었다. 문제는 성도들의 배경이 제각기 달랐다는 점이었다. 장로교회 출신은 장로교 목회자를, 순복음교회 출신은 또 다른 유형의 목회자를, 감리교회 출신은 그들만의 목회자 상을 기대했다. 결국 나는 여러 '이상적인 목회자'의 모습을 동시에 요구받고 있었던 셈이다.

나는 처음부터 예수님의 마음으로 성도들을 섬기겠다고 다짐하며 목회의 길에 들어섰다. 그래서 그들의 기대를 가볍게 넘기지 않았다. 순진하고 부족했던 나는 그들의 말을 하나라도 놓치지 않으려 애썼다. 어떤 요청은 수첩에 적어 두기도 했다. 더 잘하고 싶었고, 더 닮고 싶었다.

마침내 나는 조용한 천주교 피정 센터로 들어가 5일간의 시간을 가졌다. 하나님 앞에서 솔직해지고 싶었다.

간절히 기도했지만, 마음에는 기쁨도 자유도 찾아오지 않았다. 답답함 속에서 시간이 흘러 마지막 날 아침이 되었다. 그때 문득, 아주 분명한 깨달음이 마음 깊은 곳에서 울려 나왔다.

"너는 너 하나뿐이다. 남을 닮으려 하지 말라. 흉내 내지도 말라. 나는 너를 독특하게 창조했다. 네게 준 것으로 사역하라."

그 순간 설명하기 어려운 자유가 밀려왔다. 나는 무릎을 치며 하나님께 감사했다. 그제야 깨달았다. 하나님께서 내게 주신 은사는 화려한 언변도, 강력한 카리스마도 아니었다. 성도들 곁으로 다가가 그들의 이야기를 들어주고, 있는 모습 그대로를 존중하며 섬기는 일이었다.

피정 센터에서 돌아온 첫 주일, 나는 담대하게 성도들 앞에 섰다. 그리고 고백하듯 말했다.

"이제 제게서 다른 사람을 기대하지 마십시오. 아무리 존경하는 목회자라 해도, 저는 그들을 흉내 내지 않겠습니다. 하나님께서 제게 주신 은사로 여러분을 섬기겠습니다. 무엇보다 여러분을 진심으로 사랑하겠습니다. 그리고 여러분도 과거의 신앙에만 머물지 말고, 오늘 이 자리에서의 믿음에 충실해 주십시오."

그날 이후, 나는 비로소 '나'로서 목회를 시작했다. 비교의 짐을 내려놓고, 흉내의 가면을 벗고, 하나님이 빚으신 한 사람으로 서게 되었다. 돌이켜보면, 그때 얻은 자유가 내 목회의 가장 큰 전환점이었다. 그리고 지금까지도 그 자유는 나를 붙들어 주는 힘이 되고 있다. 나는 더 이상 누구의 그림자가 아니라, 하나님 앞에 선 한 사람의 목회자였다. 그리고 그것으로 충분했다.

성공주의 vs 건강한 성장

이민 목회를 해오던 상당 기간 동안 나는 성공주의에 깊이 사로잡혀 있었다. 분명한 목표를 세우고, 그것을 이루기 위해 할 수 있는 모든 것을 쏟아 부었다. 겉으로는 언제나 하나님의 영광을 밀했지만, 지금 돌이보면 그 고백 속에는 나의 열망과 조급함이 적지 않게 섞여 있었다. 목표는 달성했으나, 그 과정에서 하나님께도 성도들에게도 미안한 일들이 쌓여 갔다. 무엇보다 아픈 사실은 성취의 길 위에서 사람들의 마음을 잃어버렸다는 점이다.

나는 설교단에서 교회는 건물이 아니라, 하나님의 백성 곧 성도라고 가르쳤다. 그러나 아이러니하게도 예배당을 세우는 과정에서 공동체는 깊은 상처를 입었다. 건물이 완공되자, 교회는 눈에 띄게 성장했다. 한때 떠났던 인원보다 더 많은 성도들이 다시 모여들었고, 3년도 지나지 않아 증축을 고민해야 할 만큼 외형은 빠르게 확장되었다. 겉으로 보기에는 분명 성공이었다.

그러나 바로 그 무렵, 내 마음의 평안은 서서히 무너지기 시작했다. 설명하기 어려운 상실감이 나를 덮쳤다. 무엇인가 매우 소중한 것을 잃어가고 있다는 자각 때문이었다. 목표는 이루었지만, 그 길 위에서 소중한 사람들을 잃었기 때문이다. 방향을 근본적으로 전환해야 한다는 생각이 분명히 들었지만, 이미 너무 멀리 와 있는 듯 보였다. 쌓아 올린 결과와 성과가 나를 붙들고 있었고, 그 모든 것을 내려놓을 용기가 나질 않았다.

그 즈음, 우리가 자리했던 디트로이트의 도시 환경도 급격히 흔들리기 시작했다. 9·11 사태 이후 중동 인구 비중이 높았던 지역 경제는 점차 위축되었고, 서브프라임 모기지 사태는(Subprime Mortgage Crisis: 미국의 서브프라임 대출의 불량채권화에 의해 촉발되어 일어난 세계 금융 위기)가 도화선이 되어 도시 전체가 깊은 경제 침체에 빠져들었다. 중공업과 자동차 산업에 의존하던 디트로이트는 급속히 활력을 잃어갔다. 수많은 공장이 문을 닫고 해고가 이어졌으며, 생존을 위해 이민자들은 다른 주로 이동하기 시작했다. 자동차 빅3(GM, Ford, Chrysler)를 중심으로 형성된 지역 산업 구조 속에 있던 우리 교회 역시 그 충격을 피해 갈 수 없었다. 외형적 성장의 기반은 생각보다 쉽게 흔들렸다.

그 격변의 한복판에서 나는 비로소 멈춰 서게 되었다. 성공을 향해 쉼 없이 달려오던 길 위에서 근본적인 질문이 나를 붙잡았다. 내가 지금까지 붙들고 달려온 것은 과연 무엇이었는가? 그리고 그 과정에서 나는 무엇을 잃어버렸는가?

이전의 나는 목표만 분명하다면 과정은 어느 정도 감수해도 된다고 생각했다. 목적이 선하다면 방법은 크게 문제 되지 않는다고 여겼다. 그러나 무너진 평안과 상실의 경험 속에서 한 질문이 또렷이 떠올랐다. '과연 이 방법이 성경적인가?' 더 나아가 '하나님께서 진정으로 기뻐하시는 길인가?', '이 사역과 교회의 주인은 누구인가?'라는 질문이 나를 압도했다. 그 질문들은 나를 정죄하기보다, 다시 세우기 위한 하나님의 초대였음을 뒤늦게 깨달았다.

나는 하나님 앞에 멈춰 서서 나 자신을 재정비하는 시간을 가졌다. 이미 많은 것을 잃은 뒤였지만, 바로 그 상실이야말로 나를 근본으로 돌아가게 한 은혜의 통로였다. 세상의 기준으로 성공한 자리에서는 던지지 않았던 질문을 성공이 흔들린 자리에서야 비로소 하게 되었다.

결국 사역의 주도권에 대한 깨달음이 모든 질문의 중심으로 자리 잡았다. 가장 중요한 원리는 사역의 주도권을 온전히 하나님께 맡기는 것이었다. 내 인생도, 가정도, 내가 섬기는 교회도 그분의 것임을 다시 고백하게 되었다. 하나님의 방법만이 유일하게 용납되는 길임을 받아들이면서, 나는 비로소 회복의 길로 들어설 수 있었다.

이후 나는 의도적으로 내려놓는 연습을 계속했다. 더 많이 이루는 것보다, 더 분명히 하나님께 맡기는 것이 먼저가 되었다. 교회를 성장시키는 일보다, 하나님의 통치가 공동체 안에 온전히 드러나고 있는지를 살피는 일이 사역의 중심이 되었다. 결과보다 과정의 정직함을, 확장보다 교회의 건강성을 점검하는 데 마음을 쏟기 시작했다.

내 이름과 성취가 아니라, 하나님의 다스리심이 분명히 드러나는 공동체가 되기를 바라는 마음으로 다시 사역을 감당했다. 신기하게도 내려놓음 속에서 더 깊은 자유가 찾아왔다. 성공을 움켜쥐려 할 때는 보이지 않던 평안이, 비로소 하나님께 돌려드릴 때 찾아왔다.

돌이켜보면, 나는 성공을 통해 배우기보다 실패와 흔들림을 통해 배웠다. 그리고 그 배움은 한 가지 단순한 진리로 모아진다. 성공이 아니라 건강한 성장이 하나님 나라의 방식이라는 사실이다. 사역은 내 것이 아니라, 처음부터 끝까지 하나님의 것이었다. 내려놓을 때에야 비로소 그것이 보였다.

회개와 성찰의 시간

　　　　　회개와 성찰의 시간은 은퇴 이후 내게 새
롭게 주어진 또 하나의 사역이었다. 강단에서 내려와 예배당의 뒷자리
에 앉게 된 뒤에야, 나는 비로소 이전에는 미처 직면하지 못했던 나 자
신의 모습을 천천히 마주하기 시작했다.

사역에서 은퇴한 뒤 한국으로 돌아온 나는 가끔 초청을 받아 설교를 한
다. 그러나 설교 요청이 없는 주일이면, 한 사람의 성도로서 조용히 예
배당 뒤편에 앉아 예배를 드린다. 강단이 아닌 자리, 말하는 위치가 아
닌 듣는 자리에서 맞이한 지난 3~4년의 시간은 겉으로는 평안해 보였
지만, 내면에서는 끊임없는 회개의 물결이 일렁이는 시간이었다. 특히
설교 말씀이 선포될 때면, 마음을 온전히 모으지 못하게 하는 기억과 생
각들이 불쑥불쑥 떠올라 나를 붙든다. 말씀은 위로이기 전에 먼저 거울
이 되어, 내가 지나온 시간을 비추어 보게 한다.

강단을 떠난 지금에야 비로소 나는 목회라는 이름 아래 숨겨져 있던 나
자신의 그림자를 더 또렷이 바라보게 된다. 목회자로 섬기던 시절을 돌
아보면, 무엇보다도 착하고 충성스럽게 헌신하던 성도들의 얼굴이 먼저
떠오른다. 그들의 눈빛은 맑았고, 기도는 뜨거웠으며, 섬김은 묵묵했다.
내가 그들을 이끌었다고 생각했지만, 실제론 그들에게 더 많이 배우고
더 깊이 사랑받았다는 사실을 이제야 고백한다. 내가 준 것보다 받은 것

이 훨씬 많았다는 깨달음이 가슴을 먹먹하게 한다. 그리고 감사의 기억 뒤편에는 또 다른 장면들이 조용히 따라온다. 더 깊이 이해하지 못했던 순간들, 조금만 더 기다려 주었더라면 좋았을 시간들, 사랑으로 품기보다 원칙과 목표를 앞세웠던 태도들이 하나씩 떠오른다. 그때는 사명이라 여겼던 결단들이, 지금은 아쉬움과 회한으로 남는다.

"너희는 선생 된 우리가 더 큰 심판을 받을 줄 알고 선생이 많이 되지 말라"는 야고보서의 말씀은 은퇴 이후 더욱 선명해졌다. 강단에 설 때는 그 말씀이 사명의 무게로 다가왔지만, 이제는 책임의 깊이로 다가온다. 말씀을 전하던 사람으로서 나는 그 말씀 앞에 변명할 수 없다. 성공도, 열매도, 성취도 그 앞에서는 아무 힘이 없다. 그저 연약하고 부족한 한 사람으로 서 있을 뿐이다.

두 차례의 예배당 건축은 내 사역의 분명한 전환점이었다. 하나님의 은혜 없이는 설명할 수 없는 여정이었고, 성도들의 헌신은 눈물겹도록 아름다웠다. 형편이 넉넉하지 않으면서도 집을 팔아 헌금한 가정도 있었다. 그들의 결단은 믿음이었고, 나는 그 믿음 위에 서 있었다. 하지만 그 시간을 떠올릴 때마다 설명하기 어려운 부끄러움이 동시에 스며든다. 도전 앞에서 더 오래 엎드려 기도하기보다, 계산하고 결단하며 앞서 나갔던 순간들이 있었기 때문이다. 전능하신 하나님을 신뢰한다고 고백하면서도, 실제로는 나의 판단과 추진력을 더 의지하지 않았는지 돌아보게 된다. 솔직히 말하자면, 그렇게 하지 않았다면 그 일은 이루어지지 않았을지도 모른다. 바로 그 지점이 지금의 나를 더욱 복잡하게 만든다.

무엇보다 마음을 아프게 하는 것은, 아직 삶의 터전에 굳건히 뿌리내리지 못한 성도들에게까지 헌금의 부담을 지웠던 기억이다. 그것이 주를 위한 일이라 스스로를 설득했지만, 그 안에 나의 성취 욕구가 섞이지 않았다고 자신 있게 말할 수 있을까. 목표는 이루어졌고, 외형적인 성과도 있었다. 세상의 기준으로는 성공이라 불릴 만했다. 그러나 그 성취의 그림자 속에서 나는 혹여 하나님보다 나 자신을 더 기뻐하고 있지는 않았는지, 하나님의 영광이라는 이름으로 나의 작은 성공을 자축하고 있지는 않았는지 스스로 묻게 된다.

누군가는 말할 것이다. '그 모든 일이 주와 교회를 위한 것이 아니었느냐'고. 그 질문은 틀리지 않다. 그러나 지금의 나는 그 말에 쉽게 고개를 끄덕이지 못한다. 하나님께서 먼저 일하시도록 기다리기보다 내가 앞서 결단하고 밀어붙인 적은 없었는지, 하나님의 뜻을 구한다 하면서도 실제로는 나의 계획을 더 신뢰하지는 않았는지 돌아보게 된다. 건물을 세우는 일보다 더 중요한 것은 사람을 세우는 일이었고, 사람을 세우는 일보다 더 깊은 것은 하나님 앞에 바로 서는 일이 아니었을까.

기도하려고 눈을 감으면, 순수하고 착했던 성도들의 얼굴이 하나둘 떠오른다. 그 얼굴들은 나를 정죄하지 않는다. 오히려 더 깊은 자리로 이끈다. 때로는 숨이 막힐 듯한 죄책감으로, 때로는 설명할 수 없는 감사로 나를 하나님 앞으로 밀어 넣는다. 그 기억은 아픔이면서 동시에 은혜다.

이제 나는 예배당의 뒷자리에 앉아 예배를 드린다. 사람들 앞에 서는 사역이 아니라, 하나님 앞에 조용히 서는 사역이다. 말하는 시간이 아니라, 듣는 시간이다. 가르치는 자리가 아니라, 배우는 자리다. 그리고 무엇보다도 회개와 성찰을 통해 다시금 은혜를 배우는 자리다. 하나님께서 진정 원하셨던 것은 무엇이었는지를. 어쩌면 은퇴는 사역의 끝이 아니라, 더 깊은 사역의 시작인지도 모른다. 사람의 눈에 보이는 성취가 아니라, 하나님 앞에서의 정직함을 배우는 시간. 그 자리에서 나는 다시 은혜를 배운다. 그리고 늦었지만, 조금은 더 낮아진 마음으로 하나님께 기도한다.

"주님, 이제는 제가 앞서지 않게 하소서. 그저 당신 뒤를 조용히 따라가게 하소서."

Chapter 2.

여백의 삶

곡선 치유

"나무는 할 말이 많은 것이다. 그래서 잎잎이 마음을 담아내는
것이다. 봄에 겨우 만났는데 가을에 헤어져야 하다니 슬픔으로
몸이 뜨거운 것이다. 그래서 물감 같은 눈물을 뚝뚝 흘리며 계
곡에 몸을 던지는 것이다."

— 이상국의 시 〈단풍〉 중에서

가을 산은 언제나 나를 멈추게 한다. 사십 년 넘게 학업과 목회를 했던
미시간(Michigan)은 특히 단풍이 아름답기로 유명한 곳이다. 해마다 가을
이 오면 나는 불붙듯 타오르는 숲을 바라보며 마음을 빼앗기곤 했다. 붉
고 노란 잎들이 하늘 아래 찬란하게 흔들리는 풍경은 마치 자연이 마지
막 힘을 다해 고백하는 사랑처럼 보였다.

그러나 단풍은 오래 머물지 않는다. 겨우 한두 주가 지나면, 나무들은 화려한 옷을 벗고 고요한 나목으로 서 있다. 찬란함이 짧다는 사실은 늘 아쉬움을 남긴다. 하지만 어쩌면 그 짧음이야말로 가을을 더욱 깊게 만드는 이유일지도 모른다. 나무는 떨어짐으로 완성된다. 곧게 서 있던 시간보다, 스스로를 내려놓는 그 순간에 더 많은 이야기를 품는다.

조물주가 빚어낸 가장 아름다운 선 가운데 하나는 인간의 몸이다. 균형 잡힌 몸의 유려한 곡선은 시대를 초월해 예술가들의 찬미를 받아 왔다. 건축 예술의 거장 안토니 가우디는 '직선은 인간이 만든 선이고, 곡선은 신이 만든 선'이라고 말했다. 철학자 프리드리히 니체 또한 '진리는 모두 곡선'이라 했다. 그들의 말은 서로 다른 자리에서 출발했지만 한 지점에서 만난다. 생명은 직선이 아니라 곡선으로 숨 쉰다는 사실이다.

사람의 귀가 곡선으로 되어 있기에 우리는 직선의 외침보다 곡선의 노래를 더 편안히 듣는다. 사랑을 상징하는 하트 모양도 직선이 아니라 부드러운 곡선이다. 만일 우리의 몸이 송곳처럼 곧게 뻗어 있다면, 그 날카로움 때문에 서로를 찌르며 살아야 했을지도 모른다. 몸이 곡선이듯, 마음도 곡선이다. 꺾이고, 휘어지고, 돌아가며 비로소 관계는 부드러워진다.

나무 역시 마찬가지다. 반듯하게 뻗은 나무보다 세월의 바람에 휘어 자란 나무가 더 깊은 멋을 풍긴다. 나는 한국의 소나무를 사랑한다. 곧은 외송보다 구불구불 몸을 틀며 자란 소나무가 더 운치 있다. 굽은 나무의 그림자는 더 따뜻하고, 새들도 그런 가지 위에 내려앉는다. 한겨울 눈이 쌓이면, 휘어진 가지 위에 얹힌 설경은 더욱 아름답다. 자연은 늘 우리에게 말한다. 아름다움은 강직함보다 유연함 속에 있다고.

그러나 우리가 사는 세상은 어떠한가. 경쟁, 속도, 효율, 성과—이 네 단어가 지배하는 직선의 나라에 우리는 살고 있다. A에서 B를 거치지 않고 곧장 C로 가려 한다. 지름길을 찾고, 시간을 줄이고, 결과를 앞당기려 한다. 그 과정에서 우리는 B 지점에서 만날 수 있는 새들과, 해변의 바람과, 막 구워낸 빵 냄새를 놓친다. 직선은 빠르지만, 곡선은 풍경을 품는다. 곡선으로 굽은 시골길을 걸어본 적이 있는가. 그 길을 따라 걷다 보면 길섶의 민들레와 눈이 마주치고, 밭을 일구는 농부와 인사를 나누게 된다. 직선으로 나는 새는 겨누기 쉽지만, 곡선으로 나는 새는 잡히지 않는다. 생명은 붙들기보다 흘려보낼 때 더 자유롭다.

나는 직진밖에 모르는 사람보다 돌아갈 줄 아는 사람을 더 좋아한다. 삶의 곡선을 받아들이는 사람, 잠시 멈추어 풍경을 바라볼 줄 아는 사람, 실패와 우회를 통해 더 깊어진 사람. 그런 사람에게는 여백이 있고, 숨이 있고, 치유가 있다.

조물주는 지친 우리에게 풍경을 선물하셨다. 그 풍경은 언제나 곡선이다. 산등성이의 물결, 강물의 흐름, 바람에 흔들리는 들꽃, 떨어지는 잎마저도 빙글빙글 곡선을 그리며 땅에 내려앉는 낙엽. 그 모든 것이 직선이 아니라 곡선이다.

직선공화국에 살고 있는 우리에게 곡선은 단순한 형태가 아니라, 치유의 언어다. 어쩌면 치유란 삶을 직선으로 밀어붙이던 태도를 내려놓고 곡선으로 걷기 시작하는 일인지도 모른다. 돌아가는 길을 두려워하지 않는 것, 느림을 부끄러워하지 않는 것, 휘어짐을 실패로 여기지 않는 것. 이것이 가을 산이 우리에게 가르쳐 주는 교훈이 아닐까.

사랑의 거리 두기

"함께 있되 거리를 두라. 그래서 하늘, 바람이 너희 사이에서 춤추게 하라. 서로 사랑하라. 그러나 사랑으로 구속하지는 말라. 그보다 너의 혼과 혼의 두 언덕 사이에 출렁이는 바다를 놓아두라 (중략). 사원의 기둥들도 서로 떨어져 있고 참나무와 삼나무는 서로의 그늘 속에선 자랄 수 없다."

칼릴 지브란의 '사랑을 지켜가는 아름다운 간격'이라는 제목의 글에서 발췌한 내용이다. 이 글을 읽으며 나는 고린도전서 13장이 떠올랐다. 그 중에서도 내 마음에 오래 머문 구절은 '무례히 행하지 아니하며'(5절)라는 말씀이다. 문득 '사랑이 무례하지 않기 위해선 무엇이 필요할까?'를 곰곰이 생각해보았다. '아름다운 거리'라는 단어가 떠올랐다. 가깝다는 이유로 서로 침범하지 않으며, 상대의 인격을 존중해줄 수 있는 적절한 거리.

흔히들 가장 사랑하는 사람이 나에게 가장 큰 상처를 준다고 말한다. 이는 특별한 이야기가 아니라, 우리가 일상에서 반복적으로 경험하는 현실이다. 나 역시 예외는 아니었다. 결혼 전 연애하던 시절을 떠올려 보면, 말 한마디 한마디가 조심스러웠다. 상대의 마음을 얻기 위해 아름다운 말로 포장하고, 상처가 될 만한 표현은 최대한 삼키며 살아갔다. 그러나 결혼 후에는 그 긴장이 서서히 풀렸다. 이제는 가장 가까운 내 편이 생겼다는 안도감이 앞섰고, 실수쯤은 쉽게 용납될 것이라는 안일한 생각이 자리 잡았다. 그러다 보니 말은 거칠어지고, 내 행동을 살피는 데는 무뎌졌으며, 그로 인해 아내에게 상처를 준 순간들도 적지 않았다. 남에게는 쉽게 용서되지 않을 나의 허물이, '내 편'인 아내에게는 당연히 이해받을 것이라 여겼던 것이다.

오랜 결혼생활과 더불어 부부관계가 깊어지면서 나는 깨닫게 되었다. 아무리 가까운 사이라 할지라도 함부로 말하거나 함부로 행동하지 않기 위해선 의식적으로 '적정한 거리'를 유지해야 한다는 사실을 말이다. 사랑은 집착이 아니라, 서로를 존중하는 간격 위에서 더 건강하게 자란다.

제주도에 가면 구멍이 숭숭 뚫린 듯 엉성해 보이는 돌담을 볼 수 있다. 처음 보면 금방이라도 무너질 것 같지만, 이 돌담은 거센 바람에도 쉽게 쓰러지지 않는다. 이유는 간단하다. 돌과 돌 사이의 간격으로 바람이 빠져나가기 때문이다. 바람을 막아내려 애쓰는 대신, 통과하게 허락함으로써 오히려 더 견고해진다. 그래서 제주 사람들은 돌마다 적당한 간격을 두고 담을 쌓는다.

자연도 같은 원리를 따른다. 지구가 태양을 사랑한다고 해서 그 안으로 뛰어들었다면, 달이 지구를 향해 달려와 꼭 껴안았다면, 그 결과는 파멸일 것이다. 별빛이 유난히 고운 이유는 그 빛이 아주 먼 곳에서, 아주 오랜 시간을 건너와 우리 눈에 닿기 때문이다. 그렇지 않고 별이 지척에 있었다면, 우리는 그것을 그저 평범한 돌멩이쯤으로 여겼을지도 모른다. 아름다움은 언제나 적절한 거리 위에서 드러난다. 건축물의 기둥들도 서로 알맞은 간격을 두고 서서 벽과 지붕을 지탱한다. 별과 별 사이에도, 꽃과 꽃 사이에도, 나무와 나무 사이에도 간격이 있어 각자의 생명을 온전히 키워 간다. 그와 나 사이의 거리 역시 마찬가지다.

죄성이 가득한 인간의 모습은 마치 고슴도치와도 같다. 멀리 떨어져 있으면 외롭고, 지나치게 가까워지면 수백 개의 가시에 서로 찔려 아프다. 그러나 가깝되 적정한 거리를 유지한다면, 외롭지도 않고 피차간 상처를 주고받는 일도 없을 것이다. 함께 있으되 함부로 대하지 않는 공간,

곧 예의의 공간이 필요하다. 그 예의의 간격 사이로 하늘과 바람이 지나가며, 관계는 늘 신선함이 유지될 것이다.

성경이 교훈하는 사랑은 무례하지 않은 사랑이다. 그것은 함부로 말하지 않는 사랑이며, 상대를 삼키지 않는 사랑이다. 사랑이란 서로를 향해 무작정 돌진하는 것이 아니라, 아름다운 거리를 유지하며 노래하고 춤추는 간격의 미학(美學)임을 나는 오늘도 조금씩 배워가고 있다.

단종의 삶을 복원한 영화

지난주 아내와 함께 영화 〈왕과 사는 남자〉를 관람했다. 단종을 다룬 작품이다. 나는 영화 평론가는 아니지만, 이 영화가 던지는 메시지는 오래 남았다. 역사는 대개 승자의 언어로 기록된다. 단종의 시대를 말할 때도 서사는 늘 수양대군과 계유정난을 중심으로 흘러간다. 힘이 어떻게 권력을 전복했는가, 누가 승자가 되었는가가 이야기의 중심을 차지한다. 그러나 이 영화는 그 익숙한 궤적을 비껴 선다.

영화의 시선은 실패한 군주, 열일곱의 나이에 생을 마감한 비극적인 소년 임금 단종에게 고정된다. 문종의 적장자로 태어나 열두 살에 즉위한, 형식적으로는 가장 완벽한 정통성을 지닌 국왕. 그러나 숙부 수양대군의 계유정난으로 왕위를 빼앗기고, 복위 운동의 실패 끝에 노산군으로 강등되어 유배지 영월에서 사사된 인물. 이미 결론이 정해진 역사 속에서, 영화는 그의 죽음을 새롭게 해석하려 애쓰지 않는다. 대신 권력의 기록이 지워버린 시간, 한 소년이 왕에서 인간으로 밀려나는 과정을 변방의 시선으로 조심스럽게 복원한다.

인상적인 점은 이 영화가 당시 세상을 힘으로 뒤집은 강자들의 활약을 거의 보여주지 않는다는 사실이다. 궁중의 음모와 정치적 술수 대신, 궁 안에서만 자라온 단종이 유배지에서 처음으로 민초들의 삶을 접하고 애민의 마음을 배우는 여정이 화면을 채운다. 궁궐이 아니라 마을이 남고, 정치의 언어가 아니라 생존의 언어가 놓인다. 그 선택이 이 작품을 단단하게 만든다.

영화의 중심에는 영월 청령포의 촌장 엄흥도(유해진)가 있다. 유해진은 대개 조연으로 등장해 주인공을 빛나게 하는 배우지만, 이 작품에서는 그가 이야기의 중심을 이끈다. 이조 시대 사람처럼 자연스러운 인상과 절제된 연기는 관객을 단번에 그 시대로 끌어당긴다. 단종과 엄흥도, 그리고 마을 사람들의 관계는 역사적 사실의 정확성을 넘어, 작가들의 상상력과 창의적 감각이 빚어낸 공감의 결과물로 다가온다.

폐위된 어린 왕이 유배지 청령포에 머물게 되면서, 그곳의 시간은 이전과는 다른 결로 흐르기 시작한다. 생존과 계산에 밝은 촌장 엄흥도와 마을 사람들의 일상 속으로 더 이상 '왕'이 아닌 한 인간이 스며들자, 공동체 안에는 미묘한 균열이 생긴다. 호기심과 경계, 이익과 연민이 뒤엉킨 감정들이 조용히 교차하며, 마을은 이전과 같으면서도 이전과는 다른 공간이 된다.

영화는 거대한 역사적 사건을 재현하는 대신, 변방의 생활 리듬 속에서 기록되지 않았을 법한 나날들이 어떻게 차곡차곡 쌓여 가는지를 상상의 시선으로 관찰한다. 마을의 이해관계와 인간적인 계산, 그리고 관계의 온도 변화를 그린다. 왕을 둘러싼 감정의 거리, 그리고 그 거리를 유지하려는 공동체의 현실적 선택들이 서서히 긴장을 만든다. 영화는 역사적 대사건을 재현하기보다 권력에서 밀려난 존재와 그를 둘러싼 사람들 사이에 형성되는 감정의 기록을 따라간다. 그 기록은 영웅적이기보다 생활적이고, 비극적이기보다 점진적이다. 그리고 바로 그 점진성이 이미 결말을 알고 있는 관객에게도 끝까지 긴장을 유지하게 만든다.

'왕과 같이 사는 남자'의 서사는 권력 중심의 기록을 대신해 주변부의 관찰자들을 전면에 세운다. 이미 끝난 역사를 다시 쓰려 하지 않으면서도, 기록에서 밀려난 삶의 결을 조심스럽게 되살린다. 그 점에서 이 영화는 오늘 우리가 뉴스를 소비하는 방식과도 닮아 있다. 타락한 권력의 중심을 좇기보다, 그로 인해 혹독한 대가를 치르며 살아가는 사람들의 얼굴을 바라보게 만든다. 이 작품이 주목하는 것은 영웅적 비극이 아니라 생활의 결이다. 단종의 이야기를 통해 이 작품은 조용히 질문을 던진다. 역사는 누구의 목소리를 기억해왔는가, 그리고 우리는 오늘 무엇을 기억해야 하는가? 그 질문은 과거를 향해 있지만, 동시에 지금 이 시대를 향해 있다.

삶을 예술로

혹독한 더위가 거의 2주째 이어졌다. 불쾌지수는 높아지고, 푸르던 잔디마저 붉게 타 들어갔다. 숨이 막힐 듯한 열기 속에서 모든 것이 지쳐 보였다. 그러다 마침내, 하나님께서 기다리던 비를 내려 주셨다. 밤새 쏟아진 빗줄기 덕분에 산천초목은 숨을 돌렸고, 탁하던 공기도 한결 맑아졌다.

아침에 눈을 떠 동쪽 창문과 커튼을 열어젖혔다. 밝은 햇살과 신선한 공기가 방 안으로 밀려들었다. 순간 이런 말이 떠올랐다. "파리의 낭만도 3일이면 족하다." 세계에서 가장 낭만적인 도시로 알려진 프랑스의 수도 파리조차 며칠 머물다 보면 결국 일상이 된다는 뜻일 것이다. 아무리 아름다운 풍경도 오래 머물면 생활이 되고, 생활은 특별함을 잃는다.

사람들은 종종 이쪽은 '생활'이고 저쪽은 '풍경'이라고 생각한다. 여기는 현실이고, 저기는 낭만이라고 구분한다. 그러나 관광지에서조차 사람들은 장을 보고, 출근을 하고, 설거지를 한다. 그곳 역시 누군가에게는 치열한 삶의 현장이다. 반대로 오늘 아침 내 집 창밖의 풍경은 누군가에게는 평범한 동네일지 몰라도, 내게는 더없이 아름다운 풍경이다. 결국 풍경과 생활을 가르는 기준은 장소가 아니라 '시선'이다.

최근 최수영 씨의 글에서 이런 문장을 읽었다.

> "사람은 자신이 잘 알고 가까이 있는 것은 대수롭지 않게 보지만, 잘 모르고 멀리 있는 것은 더 좋은 걸로 지레 짐작하는 경향이 있다."

참으로 공감이 갔다. "먼 곳 의원이 더 용하다", "제 고을에 명창 없다"는 속담도 같은 맥락이다. 예수님조차 고향에서는 존중받지 못했다. 병든 자를 고치고 하늘의 메시지를 전했지만, 그들 눈에 그는 그저 목수의 아들이었다. 가까이 있다는 이유만으로 가치가 낮게 평가되는 아이러니. 우리는 익숙함을 하찮게 여기고, 낯섦을 과대평가하는 경향이 있다. 아직 만나지 않은 영화가 가장 재미있을 것 같고, 아직 가보지 않은 도시가 가장 멋질 것이라 기대한다. 심지어 잘 알지 못하는 사람이 더 뛰어나 보인다. 일종의 '거리의 환상'이다.

그러나 조금만 시선을 낮추고 주변을 바라보면, 가까운 곳에 귀한 사람들이 얼마나 많은지 알게 된다. 오래 함께 일해 온 동료, 말없이 곁을 지켜준 배우자, 매일 같은 시간에 인사하는 이웃. 그들은 낯설지 않기에 빛나지 않는 것이 아니라, 우리가 그 빛을 보려 하지 않았을 뿐이다.

삶을 예술로 산다는 것은 먼 곳을 동경하는 것이 아니라, 지금 여기의 장면을 정성스럽게 바라보는 일인지도 모른다. 거창한 무대가 아니라 반복되는 일상 속에서 의미를 길어 올리는 일이다. 설거지하는 손길, 빗소리를 듣는 새벽, 창밖으로 스며드는 햇살…. 이런 사소한 장면들이 모여 하루를 만들고, 하루가 모여 인생이 된다. 언젠가 방문할지도 모를 파리의 낭만을 꿈꾸기보다, 오늘 창밖에 펼쳐진 하늘을 사랑하는 법을 배우는 것. TV 드라마 속 배우보다 지금 한 공간에서 숨 쉬고 있는 배우자를 더 귀하게 여기는 것. 그것이 삶을 예술로 가꾸는 생활인의 감각이자 태도일 것이다.

꾸밈과 가꿈

세상에는 열심히 꾸미는 사람이 있는가 하면, 묵묵히 가꾸는 사람이 있다. 꾸미는 사람은 거울 앞에 오래 서 있지만, 가꾸는 사람은 마음 앞에 오래 선다. 꾸미는 사람은 겉으로 드러나는 이미지에 정성을 들이고, 가꾸는 사람은 오직 자신과 하나님만이 보실

수 있는 내면을 살핀다. 전자는 삶의 무게 추를 외모와 평가에 두는 반면, 후자는 보이지 않는 중심에 둔다. 그래서 꾸미는 사람은 늘 타인의 시선을 의식하며 흔들리고, 가꾸는 사람은 조용히 자신을 관조하며 깊어진다.

음식도 그렇다. 같은 시간을 지나도 어떤 음식은 부패하고, 어떤 음식은 발효가 된다. 부패는 썩어 냄새를 내지만, 발효는 익어 향기를 낸다. 시간은 동일하게 흐르지만, 그 시간을 통과하는 방식에 따라 결과는 전혀 달라진다.

지식도 마찬가지다. 쌓이기만 한 지식은 아집과 독선으로 변질되기 쉽다. 그러나 자신을 낮추고 타인을 섬기기 위해 사용되는 지식은 발효되어 지혜가 된다. 사람도 예외가 아니다. 겉을 꾸미는 데에만 힘을 쏟는 사람은 세월과 함께 빛을 잃어가지만, 내면을 꾸준히 가꾸는 사람은 오히려 세월 속에서 깊어지고 단단해진다. 발효된 사람에게는 설명하기 어려운 향기가 있다.

언젠가 흥미로운 글을 읽었다. 다소 일반화의 위험은 있지만, 외모로 쉽게 주목을 받는 사람일수록 내면을 다듬는 노력은 상대적으로 줄어들 수 있다는 주장이다. 반대로 외적 조건에 대한 결핍을 느끼는 사람은 타인의 신뢰를 얻기 위해 더 많은 수고를 기울이는데, 그 과정에서 인격이 성숙해질 수 있다는 설명이었다. 검증된 이론이라고 단정할 수는 없지만, 인간의 심리를 돌아보게 하는 통찰임은 분명하다. 결핍은 때로 사람을 깊게 만들고, 풍족함은 때로 사람을 얕게 만들기도 한다.

성경은 또 다른 시선을 제시한다. 하나님은 사람을 외모로 취하지 않으시고 중심을 보신다고 말씀한다. 그리고 사도 바울은 이렇게 고백한다. "그러므로 우리가 낙심하지 아니하노니 우리의 겉 사람은 낡아지나 우리의 속사람은 날로 새로워지도다"(고후 4:16). 이 말씀은 시간이 갈수록 쇠해 가는 외면에 집착하지 말고, 날마다 새로워질 수 있는 내면에 소망을 두라는 초대다. 인생의 깊이는 꾸밈이 아니라, 가꿈에서 나온다는 말이다.

성경 속 인물 가운데 외모가 특별히 강조된 사람들이 있다. 사울과 압살롬이 그렇다. 두 사람 모두 준수한 외모를 지녔지만, 속사람을 강건하게 세우는 데에는 실패했다. 특히 압살롬은 그의 아름다운 머리카락으로 유명했다. 그러나 그는 내면을 다듬기보다 외적 매력을 통해 사람들의 마음을 얻는 데 집중했다. 결국 그는 아버지 다윗에게 향하던 백성들의 마음을 훔쳐 반역을 일으켰고, 아이러니하게도 그 자랑하던 머리채가 나무에 걸려 비극적인 최후를 맞는다. 겉모습에 의지한 삶의 허망함을 상징적으로 보여주는 장면이다.

신앙은 거울 앞에 오래 서는 삶이 아니라, 말씀 앞에 오래 서는 삶이다. 거울은 내가 남에게 어떻게 보일지를 묻지만, 말씀은 내가 하나님 앞에 서 어떤 존재인지를 묻는다. 꾸밈은 순간의 인상을 남기지만, 가꿈은 평생의 향기를 남긴다.

결국 사람을 기억하게 만드는 것은 화려한 외모가 아니라 깊은 인격이고, 반짝이는 이미지가 아니라 오래 숙성된 성품이다. 살아가는 동안 우리는 선택해야 한다. 썩어갈 것인가, 익어갈 것인가. 꾸미는 인생이 아닌 가꾸는 인생을 살아갈 때, 우리는 나이 들어도 새로워질 수 있다. 겉사람은 낡아지더라도, 속사람이 날로 새로워지는 은혜 안에서.

성취보다 누림

"까마귀 한 마리가 고깃덩어리를 물고 하늘을 날았다. 그러자 순식간에 다른 까마귀 떼가 몰려들었다. 빼앗기지 않으려 몸부림치던 까마귀는 지쳐 숨을 쉬려고 입을 벌렸고, 그 순간 고깃덩어리는 땅으로 떨어졌다. 먹이를 좇던 무리는 일제히 아래로 쏟아져 내렸다. 고기를 놓친 까마귀의 눈앞에는 갑자기 방해 없는 창공이 펼쳐졌다."

—《갈매기의 꿈》중에서

우리는 누구나 자기 인생을 살아간다. 그러나 같은 삶이라도 무엇을 붙들고 사느냐에 따라 전혀 다른 풍경이 펼쳐진다. 어떤 이는 성취를 붙들고 날아오르지만, 그 성취 때문에 쫓기며 살아간다. 또 어떤 이는 붙들고 있던 것을 내려놓는 순간, 비로소 자유를 경험한다.

세상은 끊임없이 성취를 요구한다. 더 높이, 더 많이, 더 빨리. 우리는 어릴 때부터 경쟁 속에 놓이고, 비교 속에서 자라난다. 무엇을 이루었는지, 어디까지 올라갔는지, 얼마나 인정받았는지가 곧 나의 가치처럼 여겨진다. 성취는 존재의 증명서가 되고, 실패는 존재의 부정처럼 느껴진다.

이런 분위기 속에서 신앙마저도 쉽게 '성과 중심'으로 오해된다. 믿음으로 얻는 구원조차 우리의 공로나 행위, 혹은 이루어내야 할 영적 업적으로 이해하려 한다. 기도를 얼마나 했는지, 봉사를 얼마나 했는지, 얼마나 경건한 삶을 살았는지를 통해 구원의 자격을 증명하려는 태도가 스며든다. 마치 하나님 앞에서도 이력서를 제출해야 할 것처럼 말이다.

그러나 성경이 들려주는 복음은 전혀 다르다. 구원은 우리가 쟁취하는 상이 아니라, 예수 그리스도를 구주로 믿을 때 값없이 주어지는 선물이다. 은혜는 계산되지 않고, 거래되지 않으며, 조건을 달지 않는다. 그것은 이미 완성된 사랑의 선언이다. 우리가 할 일은 이루는 것이 아니라, 받아들이고 그 선물을 누리는 것이다.

그렇기에 신앙의 본질은 성취가 아니라 누림에 있다. 누림은 안식에서 시작된다. 내가 무엇을 더 해야 하나님께 인정받을 수 있는지가 아니라, 이미 하나님께 사랑받고 있다는 사실을 신뢰하는 데서 출발한다. 하나님께서 창조하신 세계를 의심과 불안의 눈으로 바라보는 대신, 신뢰와 감사의 눈으로 바라보는 태도. 그것이 믿음의 삶이다.

안식은 아무것도 하지 않는 게으름이 아니다. 안식은 '내가 세상을 붙들고 있지 않아도 괜찮다'는 고백이다. 내가 모든 것을 성취하지 않아도, 하나님께서 이미 이루셨다는 신뢰다. 그래서 누림은 소극적인 포기가 아니라, 적극적인 신뢰다.

우리가 숨 쉬는 공기, 오늘 허락된 하루, 함께하는 사람들, 그리고 십자가에서 완성된 구원…. 이 모든 것을 은혜로 받아들이는 순간, 삶은 더 이상 증명의 무대가 아니라, 감사의 자리가 된다. 성취의 사다리를 오르느라 지친 영혼에게 복음은 속삭인다. '이미 충분하다. 이미 사랑받고 있다.'고. 그 고백 위에 설 때, 우리는 비로소 성취의 압박에서 벗어나 은혜를 누리는 삶으로 들어가게 된다.

문제는 우리가 자꾸만 '내 세계'를 창조하려 한다는 데 있다. 하나님은 우리에게 배우자를 주셨고, 자녀를 주셨고, 하루하루의 삶을 선물로 주셨다. 그저 사랑하고 감사하며 누리면 족한데, 우리는 거기에 만족하지 못한다. 아내를 내 방식대로 빚어내려 하고, 자녀를 내 기준에 맞게 설계하려 한다. 하나님이 만드신 세계를 기쁨으로 누리기보다, 내가 주도하는 세계를 세우려 애쓴다. 그 결과는 쉼 없는 피로와 비교, 그리고 끊임없는 불만이다. 자신을 있는 그대로 받아들이지 못하니, 가식과 두려움으로 자신을 포장하게 된다.

성경은 가인의 후예들이 도시를 세우고, 악기를 만들고, 금속을 다루며 문명을 발전시켰다고 전한다. 인간의 일 자체가 악한 것은 아니다. 노동은 창조의 위임이며, 문화는 하나님의 형상을 지닌 인간의 가능성이다. 그러나 우리가 기억해야 할 것은, 인간의 일은 생명을 살리기도 하지만 동시에 파괴하기도 한다는 사실이다.

과학은 편리를 주었지만, 동시에 살상 무기를 낳았다. 교통은 세상을 가깝게 만들었지만, 공해는 공기를 탁하게 했다. 식량은 풍부해졌지만, 과잉은 또 다른 질병을 만들었다. 생산량은 증가했지만, 자연의 질서는 흔들렸다. 인간의 성취는 늘 빛과 그림자를 함께 드리운다. 돈이 많아질수록 선택의 자유는 커지지만, 동시에 잃을 것에 대한 두려움도 커진다. 명성이 높아질수록 영향력은 넓어지지만, 그만큼 속박도 깊어진다.

그래서 이 사실을 깨달은 사람은 '일'을 통해 자신을 증명하려는 과도한 욕망을 내려놓게 된다. 일은 수단이지 목적이 아니다. 성취는 결과이지 존재의 근거가 아니다. 우리는 성취를 통해 완성되는 존재가 아니라, 이미 하나님의 형상으로 지음 받은 존재다.

그렇다면 어디에서 인생은 완성되는가? 더 많은 것을 이루는 데서가 아니라, 이미 주어진 것을 감사히 누리는 데서 완성된다. 창조 세계를 바라보며 기뻐하고, 가족을 선물로 받아들이며 사랑하고, 오늘의 햇살과 숨결을 은혜로 받아들이는 데서 인생은 깊어진다.

고깃덩어리를 물고 쫓기던 까마귀가 그것을 놓았을 때 비로소 하늘을 얻은 것처럼, 우리가 움켜쥔 성취를 내려놓을 때 비로소 창공 같은 자유를 얻는다. 성취를 향해 달려가는 삶은 늘 누군가의 추격 속에 있지만, 누림의 삶은 이미 충분하다는 고백 위에 서 있다. 구원은 올라가야 할 사다리가 아니라, 이미 펼쳐진 잔칫상이다. 우리는 그 자리에 초대받은 존재다. 그러니 더 높이 오르려 애쓰기보다, 지금 여기에서 숨 쉬며 감사하는 법을 배우는 것이 먼저다. 성취보다 누림. 그때 비로소 우리는 쫓기는 삶이 아니라, 자유로운 삶을 살게 된다.

사색과 검색

나는 이미 오래전부터 사색의 능력이 심각하게 약화되고 있다는 사실을 몸으로 체험해 오고 있다. 이 시대는 사색을 통해 의미를 길어 올리기보다, 인터엣 검색으로 즉각적인 정보를 얻는 데 익숙해졌고, 이제는 인공지능 기술의 시대로까지 넘어가고 있다. 무엇이든 묻기만 하면 답이 주어지는 환경 속에서, 깊이 생각하고 오래 머무는 능력은 점점 설 자리를 잃어가고 있다.

어린 시절, 내게는 작은 트랜지스터 라디오 하나면 충분했다. 그 조그만 기계를 통해 나는 상상의 나래를 펼치며 온 세상을 누빌 수 있었다. '전설 따라 삼천리'를 비롯해 라디오 드라마들은 성우들의 목소리와 방송국의 효과음만으로 이야기를 완성했다. 화면은 없었지만, 오히려 그 빈자리를 채우는 나의 상상력에는 한계가 없었다. 따뜻한 봄날, 양지바른 언덕이나 남의 묘터에 기대어 누워 라디오에서 흘러나오는 드라마와 명작, 영웅전, 단편소설을 듣던 기억은 지금도 생생하다. 그 시간들은 상상할 수 있는 모든 경계를 넘어서며 내 정서를 풍요롭게 만들어 주었다.

그러나 세월이 흐르며 사회는 산업화되고 전산화되었다. 상상하던 세계를 영상으로 직접 보여주는 시대가 도래했다. TV 화면을 통해 낯설고 신기한 세계를 접하면서 호기심은 빠르게 해소되었다, 문명의 발달은 분명 편리함을 가져다주었다. 그와 동시에 무언가를 빼앗기고 있다는 사실 또한 어렴풋이 느끼고 있었다.

지금도 아쉬움으로 남는 장면이 있다. 영화 〈십계〉를 보고 난 뒤 출애굽

기나 민수기를 읽을 때면, 본문 속 모세보다 영화 속 찰톤 헤스톤의 모습이 너무도 선명하게 떠오른다. 과거에는 각자의 상상력으로 그려냈던 인물과 장면들이, 이제는 이미 정해진 이미지로 대체되어 버린 것이다. 모든 것을 보여주는 시대가 되면서, 더 이상 상상할 필요가 없는 것처럼 느껴지는 순간들이다.

인터넷의 발달은 이러한 흐름을 더욱 가속화했다. 더 많은 정보를 더 빠르게, 더 쉽게 접할 수 있는 시대가 되었지만, 그만큼 우리는 '사색하는 인간'에서 '검색하는 인간'으로 변해가고 있다. 깊이 생각하며 머무는 시간은 사라지고, 손가락 몇 번 움직이는 것으로 사고를 대신하는 삶에 익숙해졌다.

이 지점에서 우리는 물어야 한다. 이 시대가 우리에게 준 긍정적인 혜택은 무엇이며, 그 대가로 잃어가고 있는 소중한 영역은 무엇인가. '검색'이 목적에 따라 필요한 정보를 찾아내는 행위라면, '사색'은 어떤 대상 앞에 오래 머물며 그 이치를 깊이 구하는 작업이다. 스마트한 기계들은 분명 편리함을 주었지만, 사색과 대화, 통찰의 시간을 상당 부분 빼앗아 간 것도 사실이다.

과거엔 지하철과 버스 안에서 책을 읽는 사람들이 많았지만, 이제 그 자리는 스마트폰이 차지하고 있다. 심지어 식사 자리에서도 대화보다 스마트폰 화면에 더 많은 눈길을 보내는 모습이 이젠 낯설지 않게 됐다. 검색과 사색은 한 글자 차이지만, 그 차원은 전혀 다르다. 손과 눈에 의지하는 시간이 길어질수록, 생각하는 시간은 자연스레 줄어들 수밖에 없다.

봄날 막 피기 시작한 개나리꽃을 바라보면서 검색에만 매달린다면, 우리의 삶은 얼마나 삭막해질 것인가. 어쩌면 지금 우리에게 가장 절실한 기술은 더 빠른 검색이 아니라, 다시 생각할 수 있는 마음의 여백을 확보하는 일이 아닐까 싶다.

여백의 중요성

인문학 위주로 사색하며 살아온 내게 어느 날 한 젊은이가 건넨 권면은 무척 신선하고 유익했다. 미술과 자동차 디자인을 전공한 청년이다. 내가 쓴 글이 내용은 좋은데, 활자가 너무 작고 분량이 너무 많아서 읽기가 쉽지 않다고 했다. 그러면서 글의 분량을 대폭 줄이고 활자를 키우면 좋겠다고 한다. 지면에 여백을 두라는 권면도 빠뜨리지 않았다.

주변에 예술가가 많았는데, 그가 지켜보다 못해 용기를 내어 내게 말해 준 것이다. 동료들로부터도 자기 영역에서 탁월함을 인정받은 그 젊은이의 조언은, 이 영역에 있어서 감각이 떨어지는 내게 꼭 필요하고 약이 되는 일침이었다.

비어 있는 곳이 없는 사람은 아름답지 않다는 도종환의 시 〈여백〉의 한 구절이 생각났다. 그동안 교회 소식지에 꾸준히 칼럼을 써왔다. 제한된 지면에 싣는 분량이 워낙 많다 보니, 활자가 작아질 수밖에 없었다. 그러나 내 글을 읽다가 포기했다는 교우들의 말을 듣고 정신이 번쩍 났다.

언덕 위에 줄지어 늘어선 나무들이 고운 풍경을 이루는 건 나무 뒤에서 말없이 나무들을 받아 안고 있는 여백 때문이라는 사실을 최근에 알게 되었다. 그림에서도 여백이 없는 풍경은 답답하게 보인다. 여백은 때론 제2의 글이며 작품이 된다.

동양의 미학을 흔히 '여백의 미'라고 한다. 선을 중요시하는 동양화에선 면이 비어 있다. 큰 화폭 위에 매화의 한 가지나 난초 잎 하나를 그린 동양화, 붓을 안 댄 흰 여백은 감상하는 사람이 들어갈 수 있는 공간이다. 여백 속으로 들어가 하늘이 되기도 하고, 꽃과 물이 되기도 한다.

흙도 부드러워야 좋다. 겉흙이 딱딱하면 물과 공기가 흙 속으로 잘 스며들지 못한다. 그러면 식물이 뿌리를 내리는 데 힘을 너무 소모해 잘 자라지 못한다. 딱딱한 치아보다는 부드러운 혀가 오래 남는다. 무엇이든 부드러워서 나쁜 것은 없다. 틈이 없는 사람에겐 이웃의 웃음과 눈물이 스며들 여지가 없다. 넉넉한 무명천같이 여백이 있는 사람은 이웃은 물론 그 누구와도 곧잘 소통한다. 차가운 것은 딱딱하지만, 따스한 것은 부드럽다. 마찬가지로 차가운 사람에겐 누구도 다가가려하지 않지만, 부드러운 사람 주위엔 저절로 사람들이 몰려든다.

신앙 또한 여백이 필요하다. 신앙의 여백이란 내가 다 나서지 않고, 절대자의 역사하심을 기다릴 줄 아는 믿음이다. 인간이 아무리 노력해도 안 되는 일이 있다. 조물주가 우리 인간에게 이런 것을 허락하신 이유가 있다. 내 손을 떠난 이 빈 공간은 바로 그분이 전적으로 일하는 공간이다. 그가 일하시는 공간을 인정하고 기다리며 바라보는 것이다. 이런 '신앙의 여백'이 필요하다. 여백은 비어 있음이 아니라, 기다림의 공간이다.

"여호와 앞에 잠잠하고 참고 기다리라 자기 길이 형통하며 악한 꾀를 이루는 자 때문에 불평하지 말지어다." (시 37:7)

내 건강을 지켜준 보약

나는 신장 이식을 받은 사람이다. 수술 이후 병원을 찾을 때마다 나는 중증 환자로 분류되어 신장 전문의를 만난다. 지금도 두 달에 한 번씩 정기 검진을 받는다. 이식 수술을 앞두고 들었던 설명은 결코 가볍지 않았다.

뇌사자의 신장을 이식받을 경우 평균 수명은 8~9년, 살아 있는 사람의 신장을 이식받을 경우는 15년 정도라고 했다. 나는 살아 있는 사람의 신장을 이식받았으니, 의학적으로는 평균 15년을 유지할 수 있을 것이라고 했다. 그런데 어느덧 수술 후 16년이 지났다. 놀라운 것은 지금까지 신장 기능을 비롯한 여러 수치가 여전히 양호하다는 사실이다. 진료를 받을 때마다 주치의는 관리를 매우 잘하고 있다며 격려를 아끼지 않는다. 결코 쉽지 않은 시간을 건너왔지만, 나는 이 모든 과정을 하나님의 은혜로 고백하지 않을 수 없다.

돌이켜보면 나의 성격 또한 이 긴 치료의 여정에 작은 도움이 되었을지 모른다. 나는 비교적 단순하고 정적인 편이다. 주변 사람들은 나를 두고 '낙천적이며 작은 일에도 곧잘 감동하는 사람'이라고 말한다. 어쩌면 그 '감동하는 마음'이 내 삶을 지탱해 준 힘이 아니었을까.

의학적으로 보면, 사람이 웃고 기뻐할 때 분비되는 엔도르핀은 면역력을 높이는 것으로 알려져 있다. 그런데 그보다 훨씬 강력한, 이른바 '감동 호르몬'이라 불리는 다이돌핀이라는 물질이 있다고 한다. 우리가 깊은 감동을 경험할 때 몸속에서 생성되는 호르몬이다. 정확한 수치를 떠나 분명한 사실은, 기쁨과 감동이 우리 몸에 유익한 영향을 준다는 점이다.

몇 해 전, 의사로 일하는 한 성도가 의학 잡지에 실린 연구 기사를 보여

준 적이 있다. 신앙생활을 하는 사람들이 그렇지 않은 사람들보다 평균 수명이 5년 이상 길다는 연구 결과였다. 나는 그 이유를 곰곰이 생각해 보았다. 아마도 말씀을 반복해 듣는 가운데 마음 깊은 곳에서 감동의 은혜를 경험하기 때문이 아닐까. 특히 그리스도인들은 예수 그리스도의 십자가 사랑에 감격하여 자신의 삶을 드리기로 결단한 사람들이다. 그 사랑을 묵상하고 예배 가운데 다시 만나는 감동이 삶을 지탱하는 힘이 되는 것은 아닐까.

나는 교우들에게 그 기사를 소개하며 이렇게 덧붙였다. 말씀 묵상과 예배의 감동을 날마다 경험하는 일상은 값비싼 보약 한 첩보다 더 효험 있는 영적 보약이 될 수 있다고.

반면 '아드레날린'은 미움과 분노, 불쾌감이 우리를 지배할 때 분비되는 호르몬이다. 긴장과 스트레스 상황에서 분비되는 이 물질은 과도할 경우 몸에 부담을 준다. 결국 감동과 감사, 혹은 미움과 분노 사이에서 어떤 감정을 선택하느냐는 우리의 몫이다. 생각을 조금만 바꾸어도 삶의 방향은 달라질 수 있다.

작은 것에 감사할 수 있다면, 만들어낸 것보다 이미 주어진 것에 만족할 수 있다면, 오늘도 내가 숨 쉬고 있다는 사실 하나만으로 기뻐할 수 있다면, 값비싼 보석보다 풀잎에 맺힌 물방울에 감동할 수 있다면, 그 사람은 이미 행복의 자리에 서 있는 것이 아닐까.

나는 여전히 병원을 오가며 살아간다. 그러나 두려움보다는 감사가, 원망보다는 감동이 내 삶을 이끌어 왔다. 어쩌면 그것이 지난 16년 동안 나를 지켜준 진짜 보약이었는지도 모른다. 몸을 살리는 약은 병원에서 처방받지만, 영혼을 살리는 약은 감사와 감동 속에서 날마다 처방된다. 그리고 그 처방은 오늘도 내 삶을 다시 살아가게 하는 힘이 되고 있다. 감동과 감사는 몸과 영혼을 살리는 보약이다.

노화와 치매

15년 넘게 살던 집을 떠나 작은 아파트로 이사했다. 짐을 싸고 옮기고 정리하는 일은 생각보다 고되고 힘겨웠다. 그러나 그 수고 속에서 뜻밖의 유익을 얻었다. 불필요한 물건들을 정리하며, 그동안의 삶을 함께 돌아보게 되었기 때문이다.

우리는 모두 나그네 인생길 위에 서 있다. 그런데도 마치 영원히 머물 사람처럼 많은 것을 끌어안고 살아간다. 상자 속에서 끝내 버리지 못한 물건들을 다시 꺼내 들며 나는 스스로에게 물었다. '이것이 정말 필요한가?' 물건만이 아니었다. 오래된 감정, 자존심, 후회와 미련까지도 함께 쌓아 두고 있지 않았던가. 짐을 정리하는 일은 곧 마음을 정리하는 일이었다.

체력의 한계를 느끼며 이사 전문 업체의 도움을 받았지만, 옆에서 거들다 보니 몸은 여전히 고단했다. 그러던 중 작은 사고가 생겼다. 자동차 열쇠 꾸러미를 통째로 잃어버린 것이다. 사무실 열쇠와 새 아파트 열쇠까지 함께 묶여 있던 묵직한 열쇠 뭉치였다. 이사를 마치고 이전 집을 최종 정리하러 나설 때까지도 그 사실을 몰랐다.

도무지 어디에 두었는지 기억이 나지 않았다. 집안을 며칠이나 뒤집으며 찾아도 보이지 않았다. 다행히 비상용 자동차 열쇠가 있어 운행에는 문제가 없었지만, 마음은 무겁기만 했다. 최근 들어 손에 들고 있던 물건을 어디에 두었는지 잊어버리는 일이 잦아졌기 때문이다. 아내의 도움 없이는 곤란을 겪기 쉬운 나 자신을 보며, 새삼 늙어간다는 사실을 실감했다.

몇 달 전 무릎 통증으로 병원을 찾았을 때 의사에게서 들은 단어가 떠올랐다. Aging(노화). 그 한마디가 유난히 크게 들렸다. 이것도 노화 때문일까. 혹시 치매의 전조는 아닐까. 괜스레 마음이 서늘해졌다. 그러다 한 글을 읽고 크게 웃으며 위로를 받았다. 그 글은 건망증과 치매를 이렇게 구분했다. 깜빡 잊었다가 '아차!' 하고 떠올리면 건망증이고, 기억 자체가 사라지면 치매라고. 자동차 열쇠를 어디에 두었는지 모르면 건망증이지만, 그 열쇠를 보고도 무엇에 쓰는지 모르면 치매라고 했다. 배우자

의 생일을 잊으면 건망증이고, 배우자를 보고도 누구인지 모르면 치매
라니, 웃음 속에 묘한 안도가 섞였다. 택시에 타자마자 휴대전화를 찾는
50대의 모습쯤은 '귀여운 증상'이라 하지 않는가.

그 글을 읽으며 나는 한 걸음 더 나아가 생각하게 되었다. 육신의 건망
증보다 더 심각한 것이 있지 않은가. 자신의 죄를 쉽게 잊고 의인인 척
하는 것은 영적 건망증이 아닐까. 분명한 잘못을 지적받으면서도 끝까
지 아니라고 우긴다면, 그것은 영적 치매가 아닐까.

우리는 하나님의 은혜로 살아왔으면서도, 마치 자신의 힘으로 여기까지
온 것처럼 착각하기 쉽다. 받은 은혜를 잊어버리는 것은 건망증이고, 애
초에 은혜 자체를 부인하는 것은 치매와도 같은 상태가 아닐까. 인간의
교만은 기억을 왜곡한다. 은혜를 지우고 공로를 부각시킨다.

이사를 하며 많은 것을 버렸다. 그러나 정작 버려야 할 것은 물건이 아
니라 교만과 착각이었는지도 모른다. 노화는 피할 수 없지만, 감사와 겸
손은 선택할 수 있다. 깜빡 잊는 일이 조금 늘어났다고 해서 삶의 의미
까지 사라지는 것은 아니다. 오히려 잊어야 할 것을 잊고, 기억해야 할
은혜를 또렷이 붙드는 것이 지혜일 것이다.

세월은 우리의 몸을 조금씩 약하게 만들지만, 그 세월 속에서 더 또렷해

져야 할 기억이 있다. 내가 혼자 살아온 것이 아니라는 사실, 오늘도 은혜로 숨 쉬고 있다는 사실이다. 그 기억만은 잃지 않는다면, 노화는 두려움이 아니라 성숙으로 가는 또 하나의 통로가 되지 않을까. 비워 내는 이사처럼, 기억도 마음도 가볍게 정리해야 한다.

얼굴이 보물 지도

하나님은 우리의 얼굴에 모세혈관을 그물처럼 촘촘히 깔아 두셨다. 그래서인지 마음속 감정은 좀처럼 숨겨지지 않는다. 기쁨과 슬픔, 분노와 설렘은 어느새 얼굴빛과 표정에 고스란히 드러난다. 만일 혹독한 훈련으로 희로애락이 전혀 나타나지 않는 사람이 있다면, 그는 어쩌면 무시운 사람일 것이다. 얼굴은 마음의 창이기 때문이다.

이 사실을 잘 보여 주는 흥미로운 일화가 있다. 1800년대 말, 미국 서부에서는 이른바 California Gold Rush가 일어났다. 금을 찾아 일확천금을 꿈꾸던 사람들은 서부로 몰려들었다. 몬태나의 한 마을 주민 몇 명도 금광을 찾겠다며 길을 나섰다. 그러나 오랜 시간 고생했음에도 별다른 소득이 없었다. 식량과 돈은 떨어져 갔고, 심지어 인디언의 습격을 받아 목숨을 잃을 뻔하기도 했다. 결국 지치고 실망한 채 고향으로 돌아가기로 했다.

그런데 귀로에 오른 어느 날, 시냇가에서 뜻밖의 사금을 발견했다. 문제는 장비와 자금이 턱없이 부족하다는 것이었다. 그들은 일단 마을로 돌아가 준비를 갖춘 뒤 다시 오기로 결의했다. 그리고 굳게 약속했다. "이 장소는 아무에게도 말하지 말자." 소문이 퍼지면 수많은 사람들이 몰려올 것이 분명했기 때문이다.

이 이야기를 들으며 나는 오래전 살던 미시간 북부의 고사리밭이 떠올랐다. 봄철이면 손가락 굵기 만한 고사리가 무성했다. 그러나 그 위치는 철저히 비밀이었다. 심지어 가족에게도 알려 주지 않는다는 농담 같은 말이 있을 정도였다. 그럼에도 이상하게 누군가는 뒤따라왔다. 얼굴 표정이, 말투가, 발걸음이 이미 비밀을 흘리고 있었기 때문이다.

사금을 발견했던 사람들도 마찬가지였다. 그들은 아무 말도 하지 않았다. 그러나 마을 사람들은 눈치챘다. 그들의 얼굴이 달라져 있었기 때문이다. 입은 다물었지만 표정은 싱글벙글했다. 기대와 설렘, 확신이 얼굴에 번져 있었다. 사람들은 속으로 생각했다. '저들이 금을 발견했구나.' 그리고 몰래 그들을 뒤따랐다. 결국 얼굴이 보물 지도가 된 셈이다. 말은 숨길 수 있어도 표정은 숨기기 어렵다. 사람의 얼굴은 마음속에서 발견한 '보물'의 존재를 드러내는 지도와도 같다.

나는 이 이야기를 신앙과 연결해 생각해 본다. 우리가 정말로 예수 그리스도를 삶의 보물로 발견했다면, 그 기쁨은 얼굴에 드러나야 하지 않을까. 억지로 지으려는 미소가 아니라, 속에서부터 번져 나오는 평안과 감사의 빛 말이다.

어쩌면 굳이 '예수 믿으라'고 소리 높여 말하지 않아도 될지 모른다. 우리의 얼굴이 이미 말하고 있다면 말이다. 세상 사람들은 우리가 무엇을 발견했는지 궁금하게 여길 것이다. 그리고 그 기쁨의 근원을 알고 싶어 우리를 따라올지도 모른다.

얼굴은 속일 수 없는 지도다. 우리가 무엇을 품고 사는지, 무엇을 가장 귀하게 여기는지 고스란히 드러낸다. 그렇다면 오늘 나의 얼굴에는 어떤 지도가 그려져 있는가. 근심과 불평의 지도인가. 아니면 은혜와 기쁨의 보물지도인가.

얼굴은 마음이 숨겨 둔 보물 지도를 드러낸다. 하나님이 우리 얼굴에 감정을 새겨 두신 이유는, 어쩌면 우리가 발견한 보물을 세상과 나누게 하시려는 뜻이 아닐까. 그 보물이 참으로 값진 것이라면, 우리는 굳이 숨기려 애쓰지 않아도 될 것이다. 얼굴이 먼저 말해 줄 것이기 때문이다.

Chapter 3.

누림과 창조 영성

연출자와 배우

내가 관람한 수많은 영화 가운데 깊은 울림을 남긴 작품이 있다. 바로 〈벤허〉다. 장엄한 서사와 웅장한 음악, 그리고 시대를 초월한 메시지도 인상적이었지만, 무엇보다 내 마음을 사로잡은 것은 그 이야기 뒤에 숨어 있는 연출자의 시선이었다. 특히 영화사의 명장면으로 꼽히는 전차 경주 장면은 단순한 액션이 아니라, 치밀하게 설계된 승리의 드라마였다.

벤허 역을 맡았던 찰턴 헤스턴은 촬영을 앞두고 실제로 마차 모는 법을 혹독하게 연습했다고 한다. 어느 날 감독이 그에게 "마차 타는 법은 잘 익혔나?"라고 묻자, 그는 이렇게 대답했다. "마차는 이제 제법 탈 수 있겠습니다만, 경주에서 이길지는 모르겠네요." 그러자 감독은 미소를 지으며 "걱정하지 말게 자넨 마차만 몰면 돼. 이기게 하는 건 내가 할 테니"라고 말했다고 한다.

그 한마디에는 영화의 본질이 담겨 있다. 배우는 최선을 다해 달리면 된다. 승패를 결정하는 것은 연출자의 몫이다. 이미 각본은 쓰여 있고, 결말은 정해져 있다. 다만 그 결말에 이르기까지의 과정이 치열할 뿐이다.

영화 속에서 벤허는 결코 쉽게 승리하지 않는다. 멧살라라는 집요한 적수가 끊임없이 방해하고, 반칙도 서슴지 않는다. 마차가 부서지고, 전복될 위기에 처하며, 뒤처지는 듯한 장면이 이어진다. 관객의 가슴은 조여오고, 패배의 그림자가 드리워지는 듯 보인다. 그러나 결국 그는 결승선을 가장 먼저 통과한다. 그 이유는 단순하다. 승리는 이미 각본에 기록되어 있었기 때문이다.

나는 이 장면을 떠올릴 때마다 우리의 삶을 생각하게 된다. 우리 역시 각자의 경주로에 서 있다. 때로는 속도를 잃고, 때로는 넘어질 듯 흔들린다. 예기치 못한 방해와 억울한 상황, 이해할 수 없는 지연이 우리를 지치게 한다. 어떤 날은 마치 꼴찌로 밀려난 듯한 기분에 사로잡히기도 한다.

그러나 믿음의 눈으로 보면, 우리는 우연한 경주를 달리고 있는 것이 아니다. 우리의 인생은 무대 위의 즉흥극이 아니라, 사랑의 연출가가 세밀하게 써 내려가신 드라마다. 우리가 할 일은 고삐를 놓지 않고 끝까지 달리는 것이다. 속도를 유지하고, 방향을 잃지 않으며, 맡겨진 자리에서 최선을 다하는 것이다. 승패는 연출자의 손에 달려 있다.

사도 바울은 이렇게 고백했다.

이 말씀은 막연한 위로가 아니다. 이미 결말이 보장된 선언이다. 우리는
승리를 향해 달려가는 사람들이지, 패배를 피하기 위해 몸부림치는 존
재가 아니다. 인생의 연출가 되시는 예수 그리스도께서 우리의 이야기
를 쓰고 계시기 때문이다.

멧살라 같은 원수와 위기가 다가온다 해도 두려워할 필요는 없다. 잠시
뒤처질 수는 있어도 탈락하지는 않는다. 흔들릴 수는 있어도 무너져 끝
나지는 않는다. 우리의 인생 드라마는 패배로 막을 내리지 않는다. 연출
자가 이미 마지막 장면을 준비해 두셨기 때문이다.

그러므로 오늘도 우리는 마차를 몰면 된다. 맡겨진 삶의 자리에서, 눈앞
의 경주를 성실히 하면 되는 것이다. 그리고 기억하자. 이기게 하시는
분은 따로 계신다는 사실을.

사랑의 이중성

사람들이 인식하는 신의 존재는 대개 멀리 있다. 거룩하시고, 전지전능하시며, 무소부재하신 분. 완전하고 흠이 없으니, 연약하고 부족한 인간이 감히 가까이 다가설 수 없는 분으로 여겨진다. 그래서 우리는 정해진 시간에 나와 예를 갖추고, 무엇인가를 해 드린 뒤 다시 자신의 힘으로 살아가려 한다. 신의 비위를 건드리지 않기 위해 의무를 다하지만, 일상은 철저히 나 혼자의 몫으로 남겨 둔다. 내 삶은 내가 지켜야 하고, 아무도 도와줄 이 없는 사람처럼 버티며 살아간다.

그러나 성경이 들려주는 하나님은 조금 다르다. 멀찍이 떨어져 위엄만을 과시하시는 분이 아니라, 사람의 장막 안으로 들어오시는 분이다. 아브라함과 친구처럼 대화하시고, "너 왜 웃었느냐"라고 묻기도 하신다. 웃지 않았다고 둘러대는 인간의 대답까지도 받아 주시며, 그 소소한 대화를 이어 가신다. 마치 사기와 술수에 능했던 야곱과 동행하시며, 때로는 그의 곁에서 묵묵히 기다려 주시는 모습은 오히려 인간적이기까지 하다. 하나님은 높은 보좌에만 계시는 분이 아니라, 우리의 자리로 내려와 함께 걸어가기를 원하시는 분이다.

이스라엘 백성들은 그 하나님의 사랑을 수없이 경험했다. 그럼에도 틈만 나면 하나님에게서 멀어졌다. 마음은 세상 것들에 빼앗긴 채, 형식적인 제사만 드렸다. 수양과 염소를 바쳤지만, 그것은 사랑이 아니라 의무였다. 마치 명절이 되어 비싼 선물을 들고 부모를 찾았지만, 마음은 다른 곳에 있는 자식과 같다. 시계를 힐끔거리며 자리를 뜰 궁리만 하는 방문. 그 안에 사랑은 없다.

부모가 진정 원하는 것은 무엇일까. 값비싼 선물보다 자주 찾아와 함께 밥을 먹고, 삶의 기쁨과 아픔을 나누며 이야기를 들어주는 시간 아닐까. 이것이 생명의 비밀이다. 관계는 형식이 아니라 마음으로 이어진다. 하나님도 마찬가지다. 그분은 우리의 제의(祭儀)보다 우리의 마음을 원하신다.

"두려워하지 말라 내가 너와 함께 함이라…"(사 41:10)

이 말씀은 단순한 위로가 아니다. "나의 종 이스라엘아, 나의 택한 야곱아" 하고 다정히 부르시는 음성이다. 염려와 두려움으로 굳어진 가슴을 녹이는 사랑의 선언이다. 이 구절을 읽을 때마다, 우리는 하나님이 우리 곁에 계신다는 사실을 새삼 깨닫는다. 그 사랑이 가슴에 스며들면 불안은 힘을 잃는다.

탕자가 집을 떠날 때 아버지의 마음은 어디에 있었을까. 아들의 발걸음이 향하는 세상 끝까지 함께 방황하지 않았을까. 아버지의 마음은 상하고 깨어진 채로, 돌아올 날만을 기다렸을 것이다. 그 깨어진 아버지의 마음과 상처 입은 아들의 마음이 만나는 순간, 집안은 잔칫집이 된다. 사랑은 그렇게 관계를 회복시키며 삶을 축제로 바꾼다.

하나님은 오늘도 말씀하신다. "나는 너를 사랑한다. 너는 내 것이다" 라고. 사랑하는 사람이 곁에 있으면, 우리는 비로소 자유로워진다. 있는 모습 그대로가 부끄럽지 않고, 설명하지 않아도 편안하다. "당신과 함께 있으면 왜 이렇게 좋은지 모르겠다"라는 고백을 들을 때, 죽어 있던 감각이 살아난다. 세상이 다시 빛을 얻는다.

하나님의 사랑은 조건부가 아니다. '네가 거룩해지면 사랑하겠다'가 아니고, '네가 온전해지면 그때 사랑하겠다'도 아니다. 우리의 연약함을 아시면서도 먼서 사랑하신나. 그 사랑이 우리 안에 닿을 때, 억지로 꾸미지 않아도 아름다움은 꽃처럼 피어난다.

사람은 사랑을 받을 때 맑아진다. 그러나 사랑이 결핍되면 차가워지고, 타인을 통제하려 든다. 부모가 자식을 사랑으로 품지 못하면, 자식을 자기 뜻대로 주무르려 한다. 그 결과 자녀에게 큰 상처를 안겨주게 된다. 사랑은 지배가 아니라 동행이다. 우리가 가장 갈망하는 것도 사랑이고, 동시에 가장 두려워하는 것도 사랑이다. 상처의 대부분이 관계에서 오기 때문이다. 그러나 그렇다고 관계를 포기할 수는 없다. 사랑 없이는 누구도 자신을 발견할 수 없기 때문이다.

어떤 종교는 스스로 깨달아 초월하는 길을 말한다. 그러나 성경은 인간의 참된 발견이 언제나 하나님과의 관계 속에서 이루어진다고 말한다. 사랑은 홀로 존재하지 않는다. 반드시 '나'와 '너'가 있어야 한다. 하나님이 나를 사랑하신다는 사실이 가슴에 와 닿을 때, 나는 비로소 나의 부족함을 인정하며 그 자리에서 새롭게 피어난다.

하나님의 사랑을 경험한 사람은 더 이상 세상에 휘둘리지 않는다. 사랑받는 존재로 서 있기 때문이다. 그 사랑 안에서 자신을 발견한 사람은 이웃을 향해 자연스럽게 손을 내민다. 하늘의 신비를 누리며, 땅의 현실을 품고, 삶을 주도적으로 살아간다. 거룩하신 하나님은 멀리 계신 분이 아니다. 우리와 친구가 되어주고 싶어 하시는 분이다. 그리고 그 사랑 안에서, 우리는 비로소 우리가 된다.

세상에 쓸모없는 것은 없다

무더운 여름날, 한 농부가 밭에서 잡초를 뽑고 있었다. 이마를 타고 흐르는 땀은 땅을 적셨고, 그의 마음은 점점 거칠어졌다. 한숨이 저절로 흘러나왔다.

"신은 왜 이런 쓸모없는 잡초를 만드셨을까? 이것들만 없다면 이렇게 고생하지 않아도 될 텐데…"

마침 그 곁을 지나던 동네 노인이 걸음을 멈추었다. 농부의 푸념을 들은 그는 미소를 띠며 조용히 말했다. "여보게, 그 풀들이 아무 이유 없이 자라는 건 아니네. 비가 많이 오면 흙이 쓸려 내려가지 않도록 붙잡아 주고, 가뭄이 들면 땅이 갈라지지 않게 지켜 주지. 뿌리가 깊이 내려가 흙을 부드럽게 만들어 주는 것도 바로 그 풀들이라네. 만약 그런 풀 하나 없다면, 비 한 번에 흙은 다 씻겨 내려가고 자네 밭은 금세 황폐해질 걸세." 농부는 손에 쥔 풀을 한참 바라보다가 말없이 고개를 끄덕였다. 자신이 귀찮게 여긴 존재가 사실은 밭을 지켜 온 숨은 공신일지도 모른다는 생각이 들었기 때문이다.

우리는 흔히 내가 원하지 않는 것을 '쓸모없다'고 단정한다. 그러나 자연은 그렇게 단순하지 않다. 꽃은 꽃의 향기로 세상을 물들이고, 이름 모를 풀은 뿌리로 땅을 붙든다. 각자의 자리에서 각자의 방식으로 세상을 떠받친다. 다만 우리의 시야가 좁아 그 가치를 보지 못할 뿐이다.

사람들은 자신이 모르는 풀을 흔히 '잡초'라고 부른다. 그러나 자연을 사랑하는 이들은 그것을 '야초'라 부른다. 잡초라 부르면 제거의 대상이 되지만, 야초라 부르면 함께 살아가야 할 존재가 된다. 이름 하나가 시선을 바꾸고, 시선이 태도를 바꾼다. 사실 나와 껄끄러운 사람도 '잡초'가 아니라 '야초'다. 내가 이해하지 못할 뿐, 그 역시 자신만의 뿌리와 사명을 지닌 존재다. 그리고 나는 또 누군가에게 야초일지 모른다. 서로가 서로에게 불편할 수 있지만, 그렇다고 해서 불필요한 존재는 아니다.

역사는 이 단순한 진리를 잊었을 때 어떤 일이 벌어지는지를 보여 준다. 1950년대 말, 마오쩌둥은 쥐 · 참새 · 파리 · 모기를 '사해(四害)'로 규정하고 대대적인 박멸 운동을 벌였다. 특히 참새는 곡식을 쪼아 먹는다는 이유로 대량으로 제거되었다. 그러나 참새가 사라지자 그들이 먹이로 삼던 해충이 폭발적으로 번식했고, 농작물은 오히려 더 큰 피해를 입었다. 자연의 균형을 무시한 선택이 더 큰 재앙을 불러온 것이다.

이 사건은 우리에게 묻는다. 내가 지금 쉽게 '없어져도 될 존재'라고 여기는 것은 과연 무엇인가. 혹시 나의 편의와 기준으로 성급히 판단하고 있는 것은 아닌가.

지금 내가 어떤 모습으로 서 있든, 내 안에는 아직 다 드러나지 않은 가치와 잠재력이 있다. 타인의 모습 또한 그렇다. 겉으로 보이는 모습이 전부가 아니다. 그 안에는 세상을 붙드는 보이지 않는 뿌리가 있다.

우주적(창조주 하나님의) 시선으로 바라보면, 우리는 서로에게 생각보다 훨씬 더 중요한 존재들이다. 누군가는 향기로, 누군가는 뿌리로, 누군가는 보이지 않는 그늘로 이 세상을 지탱한다. 그러니 오늘, 내가 쉽게 뽑아 버리려 했던 것을 다시 한번 바라보자. 혹시 그것이 나의 밭을 지켜

온 야초는 아니었는지. 그리고 나 또한 누군가의 세상을 조용히 붙들고 있는 존재임을 잊지 말자.

창조 영성

한국 교회의 신앙적 특징 가운데 하나는 죄에 대한 특별한 강조이다. 세례 문답에서 가장 중요하게 확인하고 묻는 질문 역시 '나는 죄인'이라는 고백과 예수 그리스도의 보혈을 통해 죄 씻김을 경험했는가 하는 문제에 집중한다. 신학적 용어로 말하자면, 이는 분명 기독론 중심의 질문이다. 이 질문 자체가 잘못된 것은 아니다. 오히려 기독교 신앙의 본질을 건드리는 정당한 물음이다.

그럼에도 불구하고 죄 문제가 기독교 신앙의 중심에 자리 잡게 된 데는 몇 가지 역사적·신학적 배경이 존재한다. 첫째는 성서의 분명한 증언이다. 둘째는 인간이 실제 삶 속에서 경험하는 죄의 현실이다. 셋째는 아담과 이브의 범죄 이후 모든 인간에게 죄가 유전된다는 원죄 교리이다. 이에 더하여 중세시대 교황과 황제가 대중을 정치적으로 통제하고 억압하는 과정에서 죄의식이 의도적으로 강조되었다는 역사적 요인도 작용했다고 볼 수 있다.

어쨌든 죄가 기독교 신앙의 중요한 구성 요소라는 사실은 부인할 수 없다. 문제는 그것을 지나치게 강조함으로써 발생한 신앙의 왜곡이다. 죄를 숙명처럼 끌어안고 살아가는 그리스도인들의 삶은 대체로 침울하거나, 반대로 지나치게 비현실적인 모습을 띤다. 중요한 것은 죄 그 자체가 아니다. 죄를 넘어 우리를 초대하시는 하나님의 은총이다. 죄는 은총으로 들어가기 위한 문이지, 신앙의 최종 목적지가 아니다.

그러나 오늘 우리의 신앙 풍경을 돌아보면, 은총의 능력과 빛은 점점 희미해지고 죄의 어둠만이 우리의 생각과 삶을 더욱 강하게 지배하고 있는 듯하다. 왜곡된 신앙의 균형을 회복하기 위해서는 무엇보다 은총의 세계를 바로 이해해야 한다. 그리고 그 은총으로 들어가는 첫 관문은 '죄의 자각'이 아니라, '창조 영성의 회복'이다.

사도신경의 첫 문장은 이렇게 시작한다. '전능하사 천지를 만드신 하나님 아버지를 내가 믿사오며.' 우리는 예배 때마다 이 고백을 입술로 반복한다. 그러나 많은 그리스도인에게 이 창조 신앙은 삶과 거의 연결되지 않은, 추상적 선언에 머무르고 있는 듯하다. '천지를 창조하신 하나님을 믿는 것이 내 삶과 무슨 상관이 있는가'라는 질문 앞에서, 우리는 종종 이 고백을 진지하게 사유하지 않은 채 지나쳐 버린다.

그러나 천지를 만드신 하나님 아버지를 믿는다는 고백 속에는 인간 역시 다른 모든 생명체와 마찬가지로 하나님의 창조 사건 안에 존재한다는 깊은 인식이 담겨 있다. 이는 곧 인간을 포함한 지구촌과 온 우주가 이 사실을 인정하고, 그 질서에 순종하며 살아가야 한다는 신앙적 태도를 의미한다. 하나님의 창조 세계 안에선 인간만이 아닌, 모든 생명과 자연, 보이는 것과 보이지 않는 모든 피조 세계가 하나님 앞에서 존귀하다.

이러한 창조 신앙에 기초한 기독교 영성은 인간이 하나님의 피조 세계와 공존하도록 부름 받았다는 사실을 자각하게 한다. 동시에 인간 중심적 욕망으로 자연을 파괴하는 행위를 멈추고, 이를 보존하며 돌보아야 할 책임을 일깨운다. 창조 신앙은 단순한 교리가 아니다. 우리의 삶의 방식과 선택을 바꾸는 힘이다. 하여 우리가 사용하는 에너지의 문제를 고민하게 하고, 기후 위기 앞에서 신앙적 책임을 묻게 한다.

결국 죄에 대한 깊은 성찰은 은총으로 나아가기 위한 출발점이지만, 은총의 완성은 창조 세계 안에서 책임 있는 삶으로 드러난다. 죄에 머무는 신앙이 아니라, 은총 안에서 다시 창조 세계를 바라보고 살아가는 신앙. 그것이 오늘 한국 교회가 회복해야 할 보다 온전한 믿음의 모습일 것이다.

지구 온난화 현상이 불러온 이상 기온

이상 기후의 원인이 되는 지구 온난화에 대한 과학적 근거를 두고 논란이 적지 않다. 북극과 남극 지대 기온 상승, 빙하 감소, 홍수, 가뭄 및 해수면 상승 등 이상 기후 현상에 의한 자연재해가 현실이 되고 있다. 20세기 동안 북극 지대의 대기 온도는 약 5℃ 상승(이것은 지구 표면의 평균 온도 상승폭보다 5배나 빠른 속도)했는데 이 때문에 빙하 감소, 극 지방 호수의 파빙 기간 감소 등이 일어나고 있다. 예를 들어 북극 지역에 있는 거의 모든 산지 빙하는 지난 20세기 동안 줄어들고 있고, 특히 스위스의 산지 빙하는 1/3까지 줄었다.

지구 온난화의 또 다른 영향으로 1966년과 1997년의 라인강 홍수, 1995년 중국의 홍수, 1998년과 2000년 동유럽의 홍수, 2000년 모잠비크와 유럽 홍수, 그리고 2004년 방글라데시의 우기 홍수(전 국토의 60% 침수) 등 전 지구적으로 집중호우와 폭풍우에 의한 홍수가 빈발하고 있다.(UNFCCC, 2005)

가뭄 현상도 지구 온난화의 중대한 영향 가운데 하나다. 특히 아프리카에서는 아주 심각하다. 니제르, 차드호 및 세네갈 지역에서는 전체 이용 가능한 물의 양이 40~60%는 줄어들었고, 남북서부 아프리카에서는 연평균 강수량이 줄어 사막화 현상이 가속화되고 있다.(UNFCCC, 2005)

20세기를 지나오는 동안 해수면은 평균 10~20㎝ 높아졌다. 해수면이 이렇게 높아지면, 방글라데시처럼 인구가 해변에 밀집돼 있는 나라에서는 바닷물 범람에 의한 심각한 피해가 우려되고, 몰디브와 같은 작은 섬나라는 완전히 사라질 것으로 전망된다.(몰디브는 가장 높은 지점이 해발 2m에 불과해 수몰 위기에 처해 있다. 2008년 11월 11일 대통령에 취임한 몰디브의 제4대 대통령인 모하메드 나시드(Mohamed Nasheed)는 지구 온난화에 따른 해수면 상승으로 영토가 수몰될 날에 대비해 재원을 마련하고, 위기에 처한 몰디브 국민들이 이주할 새로운 땅을 사들이는 방안을 추진할 계획이라고 발표했다.) 따라서 해수면 상승은 수십억 인구가 사용하는 물을 오염시킬 뿐만 아니라, 대규모 인구의 이주를 예고한다.

그것을 지금 당장 하라

평균 수명이 길어졌다고는 하지만, 일흔을 넘긴 나이에 여전히 작게나마 활동할 수 있다는 것은 그 자체로 감사한 일이다. 그러나 고개를 들어 주위를 둘러보면 마음이 마냥 가볍지만은 않다. 이전 세대의 지인들은 이미 상당수가 세상을 떠났고, 이제는 내 또래에서도 하나둘씩 이름이 사라져 간다. 장례식장에서 마주하는 낯익은 얼굴들, 빈자리를 대신하는 침묵은 내 차례 또한 머지않았음을 조용히 일깨운다. 언젠가 나 역시 사랑하는 사람들의 곁을 떠나야 한다는 사실. 그 앞에서 남은 시간을 어떻게 살아야 하나님께서 기뻐하실지를 자주 묻게 된다.

그런 생가에 잠겨 있을 때, 내 손에 한 권이 채이 들어왔다. 엘리자베스 퀴블러 로스의 《인생수업》. 죽음을 앞둔 이들이 마지막 순간에 무엇을 그리워했는지를 정리한 책이었다.

"마지막으로 바다를 본 것이 언제인가?"
"아침 공기의 냄새를 맡아본 적은?"
"아기의 머리를 쓰다듬어 본 기억은 남아 있는가?"

질문들은 단순했지만, 이상하게도 마음 깊은 곳을 건드렸다. 건강할 때는 당연하게 여겼던 것들, 가령 음식의 맛, 맨발로 풀밭을 걸을 때의 감

촉, 파란 하늘을 올려다보던 한낮의 빛…. 그 모든 것들이 마지막 순간
에는 가장 간절한 소망이 된다는 사실이 가슴을 울렸다.

나 역시 죽음의 경계에 선 적이 있다. 코로나19로 폐가 석회화되면서 극
심한 호흡 곤란을 겪었고, 중환자실 침대 위에서 생사를 오가는 시간을
보냈다. 산소마스크 너머로 들려오던 기계음과 희미한 형광등 불빛 속
에서, 내게 가장 중요했던 질문은 신앙의 문제였다. 그러나 인간적인 차
원에서 나를 더욱 괴롭힌 것은 따로 있었다. 끝내 정리하지 못한 삶의 흔
적들이었다. 충분히 사랑하지 못한 시간들, 당연한 듯 희생을 요구했던
남편으로서의 무심함, 아내에게 제대로 건네지 못한 '고맙다'와 '미안하
다'는 말이 가슴을 짓눌렀다.

병실 창밖으로 보이던 길을 바라보며 나는 기도했다. 단 한나절이라도
좋으니, 아내와 그 산책길을 함께 걸을 수 있다면. 그리고 또렷한 목소
리로 '미안하다. 사랑한다'라고 말할 수 있다면 더 바랄 것이 없겠다고.
삶의 끝자락에서야 깨닫는 소망은 놀라울 만큼 소박했다. 그러나 그 소
박함이 오히려 더 뼈아프게 다가왔다. 그래서 그 문장은 내게 단순한 권
면이 아니라 명령처럼 들렸다.

"생의 마지막 순간에 간절히 원하게 될 그것을 지금 하라."

많은 사람들은 바다 가까이에 살면서도 바다를 볼 시간이 없다고 말한다. 별은 매일 밤 떠오르지만, 올려다볼 여유가 없다고 한다. 그러나 죽음을 앞둔 사람들은 한 번만 더 바다를 보고 싶다고, 별을 보고 싶다고, 사랑하는 사람의 얼굴을 한 번만 더 바라보고 싶다고 말한다. 그렇다면 왜 우리는 그것을 마지막까지 미루어야 하는가.

우리는 마치 영원히 살 것처럼 하루하루를 무심히 흘려보낸다. '한 번뿐인 인생'이라는 말을 쉽게 내뱉으면서도, 그 마지막이 나에게도 분명히 찾아온다는 사실은 애써 외면한다. 죽음은 연습할 수도, 다시 시도할 수도 없는 단 한 번의 사건이기 때문이다. 그래서 삶의 끝에 선 이들의 목소리는 어떤 설교보다도 깊은 울림을 준다.

그들은 무엇을 후회하는가. 더 사랑하지 못한 것을, 더 용서하지 못한 것을, 더 자주 하늘을 올려다보지 못한 것을. 결국 결론은 하나다. 언젠가 간절히 원하게 될 것이라면, 그 일을 지금 하라는 것이다. 사랑할 수 있을 때 사랑하고, 용서할 수 있을 때 용서하라. 보고 싶은 하늘과 바다를 오늘 바라보고, 곁에 있는 사람에게 지금 따뜻한 말을 건네라. 마지막에 가서야 깨닫지 말고, 오늘 이 자리에서 이미 시작하라.

어쩌면 하나님께서 기뻐하시는 삶은 거창한 업적이 아니라, 이렇게 현재를 사랑으로 채우는 삶일지 모른다. 마지막 순간에야 비로소 소중함

을 깨닫지 않도록, 오늘을 마지막처럼 살아내는 것. 그 단순한 결단이
남은 시간을 빛나게 할 것이다.

쉼의 문화 조성

소에 관한 이야기를 들은 적이 있다. 집에
불이 나 외양간의 소를 끌어내려 해도, 소는 불빛이 무서워 오히려 버티
며 나오지 않으려 한단다. 그런데 여물통을 엎어 버리면 상황이 달라진
다. 소는 그 자리가 더 이상 자신이 머물 곳이 아니라는 것을 깨닫고 스
스로 걸어 나온다고 한다.

문득 이런 생각이 들었다. 조물주께서도 사람을 당신의 뜻대로 인도하
시고자 할 때 비슷한 방법을 사용하시지 않을까. 우리가 고집을 부리며
자기 뜻대로만 살려 할 때, 하나님은 우리가 가장 의지하던 '밥통'을 잠
시 엎으신다. 말로는 듣지 않으니, 삶의 구조를 흔드시는 것이다. 그제
야 우리는 멈추어 서고, 방향을 돌아본다.

지금 우리 사회는 쉼의 문화가 아니라, 철저히 일의 문화다. 어디를 가
든 '더 열심히', '더 빠르게', '더 충성하라'는 말이 울려 퍼진다. 쉬라고 권
면하는 목소리는 좀처럼 듣기 어렵다. 쉼은 경쟁 시대에 뒤처지는 일처
럼 여겨졌고, 잠시 멈추는 것조차 불안의 대상이 되었다. 물론 그 치열

함 덕분에 우리는 눈부신 경제적 성장을 이루기도 했다. 그러나 그 과정에서 잃어버린 것이 있다. 바로 존재의 여유다.

사람에게는 일이 필요하다. 그러나 그보다 더 본질적인 것은 쉼이다. 얼마 전 세상을 떠난 목회자이자 영성가 유진 피터슨 목사님은 이렇게 말했다. "일과 쉼 가운데 하나를 선택해야 한다면, 일을 택하지 말고 쉼을 택하라." 그는 극단적으로 바쁜 사람을 가리켜 오히려 '게으른 사람'이라고 했다. 정작 가장 중요한 일을 하지 않기 때문에 늘 바쁘다는 것이다. 인생의 근본을 묻고, 시간을 음미하며, 하나님 앞에 머무는 쉼이야말로 가장 중요한 일이라는 뜻이다.

이 말은 우리의 현실 속에서 지칫 비현실적으로 들릴 수 있다. '쉬면서 어떻게 살 수 있는가? 생계는 누가 책임지는가?'라는 질문이 곧장 따라온다. 그러나 피터슨은 '백경'을 인용해 설명한다. 거친 바다 위에서 고래 '모비딕'을 쫓는 배 안에는 분주히 노를 젓는 선원들이 있다. 그런데 배 한편에는 아무 일도 하지 않는 것처럼 보이는 사람이 있다. 바로 작살을 던지는 사람이다. 그는 가만히 앉아 있지만, 그 고요함은 무위(無爲)가 아니다. 가장 결정적인 순간을 위해 자신을 준비하는 시간이다.

작살이 정확히 날아가기 위해서는 던지는 사람이 분주하지 않고 고요함 가운데 있어야 한다. 모든 선원의 수고는 결국 그 한 번의 정확한 투척을 위한 것이다. 쉼은 낭비가 아니라 집중이다. 멈춤은 퇴보가 아니라 깊이의 축적이다.

오늘 우리의 삶을 돌아보면 '의미 없는 분주함'이라는 적이 도처에 도사리고 있다. 쉴 틈 없이 일하지만, 왜 일하는지 묻지 않는다. 성취는 쌓이지만, 존재는 메말라 간다. 노동은 필요하다. 그러나 쉼이 있는 노동이어야 하고, 궁극적으로는 휴식을 향한 노동이어야 한다. 쉼은 게으름이 아니라 질서다. 생산성과 창의성은 오히려 쉼에서 태어난다.

몇 해 전 전 세계를 덮친 코로나19 팬데믹을 겪으며, 나는 외양간의 여물통이 엎어진 장면을 떠올렸다. 멈출 수 없던 사회가 갑자기 멈추었고, 누구도 예외 없이 속도를 줄여야 했다. 우리의 '밥통'이 흔들리자 비로소 우리는 묻기 시작했다. 무엇을 위해 이렇게 달려왔는가. 정말 중요한 것은 무엇인가.

쉼은 선택이 아니라 회복의 길이다. 하나님은 우리가 무너지게 내버려두지 않으시고, 그 전에 멈추게 하신다. 밥통을 엎으시는 것은 벌이 아니라 초청일지 모른다. 더 깊은 삶으로, 더 본질적인 자리로 돌아오라는 초대 말이다. 분주함 속에서 방향을 잃은 시대에, 우리는 다시 배워야 한다. 일하는 법이 아니라 쉬는 법을. 그리고 그 쉼 속에서 비로소, 우리의 인생은 더 정확하게, 더 깊이 있게 앞으로 나아갈 것이다.

창조적 포기- 버리기

유명한 경영 이론가이자 전 하버드 대학교 교수인 마이클 포터는 기업 전략의 본질을 이렇게 정의했다. 우리는 흔히 성공을 위해 무엇을 더 해야 하는지, 무엇을 더 가질 수 있는지에 몰두한다. 그러나 그는 오히려 '무엇을 하지 않을 것인가'를 결정하는 일이 전략의 핵심이라고 강조했다. 선택은 곧 포기이며, 포기 없는 선택은 존재하지 않는다는 뜻이다.

이 통찰은 기업 경영을 넘어 개인의 삶에도 깊이 스며든다. 나 역시 수십 년간 목회를 하며 비교적 안정된 삶을 살아왔지만, 은퇴를 준비하며 전혀 다른 질문 앞에 서게 되었다. 앞으로 무엇을 할 것인가보다 무엇을 내려놓아야 하는가를 먼저 묻지 않을 수 없었다. 가장 큰 도전은 '버리는 일'이었다. 오랜 세월 넓혀온 공간, 애착을 가지고 모아온 책들, 추억이 깃든 물건들을 정리하는 일은 단순한 이사가 아니라 삶의 한 장을 접는 의식과도 같았다.

이미 성장해 각자의 삶을 살아가는 아이들의 방을 정리하며 집을 매매했고, 더 작은 공간으로 옮기기 위해 몇 달간 대대적인 비움의 시간을 가졌다. 물건을 놓을 자리가 제한된 공간에서는, 버리지 않으면 여백을 확보할 수 없었다. 시청에서 제공한 큰 쓰레기통이 여러 번 가득 찼다. 그러나 막상 이사 후 정리를 마치고 보니, 오른쪽에 있던 물건이 왼쪽으로 옮겨졌을 뿐이라는 허탈함도 밀려왔다. 쓸데없는 것들이 삶을 무겁게 한다는 사실을 알면서도, 막상 손에서 놓는 일은 쉽지 않았다. 아직 쓸 만하다는 미련, 혹시 잘못 버린 것은 아닐까 하는 후회도 뒤따랐다.

어느 날 아내와 함께 집 정리에 관한 한국 TV 프로그램이 방영되고 있어 같이 시청했다. 그 프로그램을 시청하며 깨달았다. 모든 정리의 출발점은 '버림'이라는 단순한 원리였다. 버리지 않으면, 우리는 평생 정리만 하며 살아야 한다. 그러나 잘 버리는 일 역시 훈련이 필요하다. 수십 년간 '모으는 습관'에 길들여진 나는 이제 '비우는 습관'을 배우고 있다. 꼭 필요하지 않으면 사지 않고, 자주 사용하지 않는 물건은 필요한 이들에게 나누어 주기로 결심했다. 비움은 결핍이 아니라 자유를 향한 선택임을 서서히 깨닫고 있다.

성경 속 인물들도 이 원리를 증언한다. 아브라함은 하나님의 약속을 붙들었지만, 그 약속에 이르기 위해서는 본토와 친척과 아버지의 집이라는 기득권을 내려놓아야 했다. '믿음의 조상'이라는 이름은 하루아침에 주어진 것이 아니었다. 그의 첫 걸음은 떠남이었고, 그 떠남은 곧 포기였다. 안정된 삶에 머무를 것인가, 사명의 길로 나아갈 것인가의 갈림길에서 그는 후자를 택했다. 포기가 곧 믿음의 시작이었던 셈이다.

사도 바울 역시 마찬가지다. 다메섹 도상에서 그리스도를 만난 이후, 그는 이전에 자랑으로 여기던 학문과 명예, 사회적 지위를 배설물처럼 여기겠다고 고백했다. 더 얻기 위해서가 아니라, 참된 것을 붙들기 위해 다른 것들을 내려놓은 것이다. 그의 인생 역시 포기로부터 새롭게 빚어졌다.

조각가는 형상을 완성하기 위해 무언가를 덧붙이지 않는다. 오히려 불필요한 부분을 깎아내어 본래의 모습을 드러낸다. 값비싼 원목 가구도 마찬가지다. 이어 붙인 자국이 없으려면, 하나의 나무에서 불필요한 부분을 제거해야 한다. 나 또한 새로운 무언가를 덧붙이기보다, 이미 가진 것 가운데 불필요한 부분을 깎아내야 할 존재임을 깨닫는다.

우리는 각자 창조주의 작품이다. 더 붙여야 완성되는 존재가 아니라, 이미 충분한 가능성과 가치를 지닌 존재다. 다만 세상 속에서 덧입혀진 욕망과 왜곡된 자아상이 본래의 모습을 가리고 있을 뿐이다. 그러므로 참된 성장은 더 많이 채우는 데 있지 않고, 불필요한 것을 덜어내는 데 있다.

결국 무엇을 더 가질 것인가보다 무엇을 내려놓을 것인가를 묻는 용기. 그것이야말로 새로운 미래를 여는 첫 단추다. 비움은 상실이 아니라 선택이며, 포기는 패배가 아니라 방향 설정이다. 그리고 나는 이제, 조금 늦었지만 그 배움을 삶으로 연습해 가고 있다.

다양성과 획일성

　　　　　　　동양 의학은 사람을 볼 때 '같음'보다 '다름'을 먼저 살핀다. 같은 약이라도 누구에게나 이로운 것은 아니다. 많은 이들이 몸에 좋다고 말하는 인삼도, 열이 많은 체질의 사람에게는 오히려 부담이 될 수 있다. 산삼 역시 모든 사람에게 만병통치약은 아니다. 등산이 건강에 좋다지만, 어떤 이에게는 관절을 더 상하게 할 수도 있다. 사우나에서 땀을 흘린 뒤 개운함을 느끼는 사람이 있는가 하면, 냉수욕이 더 맞는 체질도 있다.

산후조리만 보아도 문화에 따라 방식이 극명하게 갈린다. 동양에서는 출산 후 이완된 몸이 제자리를 찾을 때까지 찬바람과 찬 음식을 삼가야 한다고 여긴다. 반면 서양에서는 출산 직후 얼음물을 권하고 샤워를 권장하기도 한다. 미국에 사는 한인 산모들은 그 차이 앞에서 당황한다. 어느 쪽이 옳은가의 문제가 아니라, 사람과 문화가 다르다는 사실을 인정하지 못할 때 혼란이 생긴다.

음식도 마찬가지다. 채식이 몸에 맞는 사람이 있고, 고기를 먹어야 힘이 난다고 느끼는 사람도 있다. 소는 풀만 먹고도 힘 있게 일을 한다. 만일 우리가 소를 위한다며 고기를 먹인다면, 오히려 병들게 할 것이다. 반대로 사자나 호랑이에게 풀을 먹이겠다는 생각은 어색하기 그지없다. 자연은 애초에 각 존재를 그에 맞는 방식으로 빚어 놓았다.

창조주는 세상을 획일적으로 만들지 않으셨다. 같은 종 안에서도 저마다 다른 특징과 개성을 지니게 하셨다. 그럼에도 우리는 종종 '다름'을 '틀림'으로 오해한다. 나와 생각이 다르면 잘못되었다고 단정하고, 익숙하지 않으면 배척한다. 오랜 역사 속에서 획일적인 문화에 길들여진 탓일지도 모른다. 군대 조직이나 독재 체제가 보여주듯, 획일성은 통제에는 유리할지 몰라도 생명력을 약화시킨다.

성경이 말하는 연합은 동일함이 아니다. 서로 다른 존재들이 각자의 자리에서 조화를 이루는 상태다. 만일 모든 사람이 같은 생각, 같은 재능, 같은 기질을 지녔다면 사회는 오히려 기능을 상실하고 말 것이다. 다양성을 인정하는 순간, 우리는 비로소 타인을 이해할 수 있는 출발선에 선다.

얼마 전 바나나에 관한 글을 읽으며 깊은 인상을 받았다. 오늘날 전 세계에서 유통되는 바나나는 대부분 단일 품종에 의존하고 있다고 한다. 과거에는 지역마다 다양한 품종이 존재했고, 색깔과 맛도 제각각이었다. 그러나 대량 재배와 유통의 효율성을 위해 거의 한 종으로 통일되면서, 품종의 다양성이 급격히 줄어들었다. 그 결과 특정 병충해에 취약해졌고, 심각한 질병이 퍼질 경우 전 세계 바나나 농장이 동시에 위협받을 수 있다는 경고도 나온다. 다양성을 잃은 대가는 생각보다 크다.

식물이든 사람이든, 획일성은 종을 약하게 만든다. 다양성은 번거롭고 때로는 갈등을 낳지만, 동시에 생명력을 지켜 주는 방패이기도 하다. 서로 다르기에 보완할 수 있고, 다르기에 새로운 길을 찾을 수 있다.

하나님은 우리의 외모뿐 아니라 피부색, 생각, 은사와 취미까지도 다르게 빚으셨다. 그것은 실수가 아니라 의도다. 다양성은 결핍이 아니라 능력이며, 약점이 아니라 힘이다. 서로 다름을 인정하는 순간, 우리는 하나님의 창조 질서에 한 걸음 더 가까이 다가간다.

하나님의 사랑은 획일적인 틀에 맞는 사람만을 향하지 않는다. 각기 다른 모습 그대로를 품으신다. 그러므로 우리 역시 서로의 다름을 존중할 때, 비로소 참된 연합에 이를 수 있을 것이다.

헛된 영광을 구하지 말고

인도의 한 민담에 이런 이야기가 나온다. 오랜 세월 수행하던 제자가 어느 날 스승에게 달려와 외친다. "스승님, 드디어 제가 물 위를 걸어 강을 건너는 능력을 얻었습니다." 스승은 잠시 그를 바라보더니 묻는다. "이 강을 배로 건너는 데 뱃삯이 얼마냐?" 제자가 "20루피입니다"라고 답하자, 스승은 조용히 말한다. "너는 20년 동안 수행하여 20루피를 번 것이로구나."

또 다른 제자가 묻는다. "스승님, 어떻게 하면 하늘을 날 수 있습니까?"
스승은 짧게 답한다. "하늘을 나는 일은 새들에게 맡겨 두어라."

이 이야기는 웃음을 자아내지만, 동시에 인간의 욕망을 날카롭게 비춘
다. 우리는 때로 본질과 상관없는 능력을 갈망한다. 눈에 띄는 힘, 남들
이 놀랄 만한 능력, 스스로를 특별하게 만들어 줄 무언가를 구한다.

사실 나 역시 그러한 유혹에서 자유롭지 못했다. 목회 초기, 내가 지도
하던 한 학생이 집안 사정이 어려워 제대로 치료도 받지 못한 채 고통을
받고 있었다. 그 아이를 위해 산에 올라가 장시간 기도했다. 혹시 귀신
의 역사라면 쫓아내는 능력을, 질병이라면 치유의 은사를 달라고 간절
히 매달렸디. 당시에는 정신 질환조차 영적 문제로 보는 경향이 강했기
에, 나는 더욱 초자연적인 능력에 집착했다.

수년 동안 기도했지만 상황은 쉽게 달라지지 않았다. 응답되지 않는 기
도 앞에서 나는 괴로웠고, 하나님이 원망스럽기까지 했다. 하마터면 사
역의 길에서 실족할 뻔했다. 결국 그 자리를 떠나 유학길에 오르며 상황
을 벗어났다. 지금 돌이켜보면, 나는 하나님의 영광보다 '능력 있는 사
역자'로 인정받고 싶은 마음을 더 붙들고 있었는지도 모른다. '능력의 심
히 큰 것이 하나님께 있고 우리에게 있지 않음'을 깨닫기까지, 나는 적지
않은 시간을 돌아가야 했다.

시간이 흐르고 신학과 삶의 경륜이 깊어지면서 비로소 깨닫게 되었다. 능력의 근원은 하나님께 있으며, 우리는 다만 맡겨진 자리에서 충성하는 존재라는 사실이다. 만일 누군가 물 위를 걷고 하늘을 난다면, 그는 초능력자이기 이전에 창조 질서를 거스르는 사람일 것이다. 성경은 이런 허망한 욕망을 두고 '헛된 영광'을 구한다고 경고한다.

주님께서 이 땅에 오신 목적은 기적 자체가 아니었다. 예수 그리스도는 "아버지께서 내게 하라고 주신 일을 내가 이루어 아버지를 이 세상에서 영화롭게 하였사오니"(요 17:4)라고 고백하셨다. 그리고 십자가 위에서 "다 이루었다"고 선언하셨다. 기적의 화려함이 아니라, 맡겨진 사명을 끝까지 감당하는 순종이 하나님의 영광이었다.

위대한 요리사는 재료 하나하나가 제 맛을 내게 하고, 위대한 시인은 단어들을 엮어 감동을 빚어낸다. 위대한 예술가는 사물의 본래 아름다움을 드러낸다. 가장 위대한 예술가이신 하나님은 우리 각 사람이 '제 멋'을 내며 살아가도록 창조하셨다. 수박이 부럽다며 호박이 억지로 줄을 그을 필요는 없다. 태양이 되고 싶다고 달이 스스로를 불태울 필요도 없다. 달은 어두운 밤에 은은한 빛으로 충분하다.

우리말에 '자포자기'라는 말이 있다. 절망 속에서 스스로를 놓아버리는 태도다. 그러나 신앙적으로 보자면, 헛된 영광을 좇는 삶 역시 또 다른 형태의 자포자기일지 모른다. 하나님이 맡기신 자리와 사명을 외면한 채, 남의 역할을 탐하는 일이기 때문이다. 우리는 대개 실패와 좌절의 자리에서 이 말을 떠올린다. 그러나 신앙의 눈으로 돌아보면, 자포자기는 꼭 패배의 자리에서만 일어나는 것은 아닐지 모른다. 오히려 박수와 조명이 비추는 곳에서, 헛된 영광을 좇는 순간에도 또 다른 방식의 자포자기가 시작될 수 있다.

하나님이 내게 맡기신 자리와 사명을 외면한 채, 남의 역할을 탐하는 삶. 겉으로는 열심이고 도전처럼 보이지만, 실은 나 자신으로 살아가기를 포기하는 일이기 때문이다. 내가 서 있어야 할 자리에서 물러나 타인의 무대에 오르려는 순간, 나는 이미 내 삶을 향한 하나님의 부르심을 흘려보내고 있는지도 모른다.

철학자 마르틴 부버의 글에 이런 이야기가 소개된다. 어느 날 한 유대 랍비에게 매우 진지한 질문이 던져졌다. "당신은 당신의 삶을 유대 민족의 영웅인 아브라함의 삶과 바꾸고 싶지 않은가?" 위대한 족장의 이름 앞에서 누구라도 잠시 마음이 흔들릴 법하다. 그러나 그 랍비는 단호히 말했다. "아브라함은 분명 위대한 인물이지만, 나는 결코 그의 삶과 내 삶을 바꾸고 싶지 않소." 그의 이유는 분명했다. 언젠가 생을 마감하고 하나님 앞에 서게 될 때, 하나님은 그에게 "내가 너에게만 독특하게 맡긴 사명을 다하다 왔느냐?"라고 물으실 것이기 때문이다. 그때 만약 자신이 아브라함을 흉내 내는 데에만 몰두하느라, 정작 자신에게 주어진 고유한 부름에 충실하지 못했다면 무엇이라 대답하겠는가. 그 질문 앞에서 그는 차라리 이름 없는 자기 자신으로 서기를 원했다.

이 이야기는 우리를 깊이 돌아보게 한다. 우리는 얼마나 자주 비교 속에서 흔들리는가. 누군가의 영향력, 누군가의 업적, 누군가의 명성을 바라보며, 나의 자리를 초라하게 여기지는 않았는가. 그러면서도 정작 하나님이 내게 맡기신 작고 평범한 자리에는 소홀하지 않았는지.

신앙은 위대한 인물을 복제하는 일이 아니라, 하나님이 창조하신 '나'로 충실히 살아내는 일이다. 하나님은 아브라함에게 아브라함의 길을 맡기셨고, 나에게는 나의 길을 맡기셨다. 서로의 길은 닮을 수는 있어도, 바꿀 수는 없다.

헛된 영광을 좇는 것은 결국 자신을 포기하는 일이다. 그러나 자기에게 맡겨진 자리에서 묵묵히 사명을 감당하는 삶은 비록 세상의 스포트라이트를 받지 못할지라도 하나님 앞에서는 가장 빛나는 영광이 된다. 우리는 위대한 누군가가 되기 위해 부름 받은 것이 아니라, 하나님이 지으신 바로 그 사람으로 충실히 살기 위해 부름 받았기 때문이다.

지금 우리는 불확실한 시대를 지나고 있다. 끝이 보이지 않는 불안 속에서 이전에 걸어보지 않은 길을 걷고 있다. 어쩌면 이 시간은 우리 안에 자리한 '헛된 영광'을 정리할 기회일지도 모른다. 남들이 부러워할 능력이 아니라, 하나님이 맡기신 일을 충성되게 감당하는 삶. 화려한 기적이 아니라 묵묵한 순종. 그 길 위에서 비로소 우리는 참된 영광을 경험하게 될 것이다.

Chapter 4.

하늘나라는 지금 여기에

연약함으로 나타나는 하나님의 사랑

대중가요 〈갑돌이와 갑순이〉를 패러디한
유머가 있다. 서로 '갑'으로만 살던 두 사람이 있었다. 먼저 사랑한다고
말하면 손해 보는 것 같아, 끝내 아무 말도 하지 않았다. 그렇게 눈치만
보다가 갑돌이는 '을순이'에게 장가가고, 갑순이는 '을돌이'에게 시집갔
다고 한다. 사랑할 대상이 아니라, 자기에게 고분고분할 '을'을 찾은 것
이다. 결혼 첫날밤에는 울었지만, 다음 날부터는 웃었다는 우스갯소리
도 따라붙는다. 계산은 성공했는지 몰라도, 사랑은 처음부터 없었던 셈
이다.

이 씁쓸한 농담은 우리의 관계를 비추는 거울 같다. 우리는 사랑을 말하
면서도 지는 것은 싫어한다. 상대보다 위에 서고 싶어 하고, 먼저 고백
하는 쪽이 약자가 되는 것처럼 여긴다. 그러나 성경이 말하는 사랑은 전
혀 다른 길을 보여준다.

하나님의 사랑은 연약함으로 나타난다. 사랑하면 약해진다. 아버지가 아들을 진정으로 사랑하면, 그 순간 아버지는 강함을 내려놓는다. 사랑할 줄 모르는 아버지는 끝까지 강한 모습으로만 남으려 한다. 우리 사회, 특히 한국의 아버지들 가운데는 유난히 '강한 아버지'가 많다. 물론 사랑이 없는 것은 아니다. 다만 사랑을 표현하는 법을 배우지 못했을 뿐이다. 그래서 강함으로 사랑을 대신한다. 그러나 강한 아버지는 자식에게 상처를 남기기 쉽고, 강한 남편 역시 아내의 마음에 금을 낸다.

하나님의 큰 사랑은 언제나 아래로 흐른다. 만일 하나님이 고압적인 모습으로만 나타나셨다면, 그 거룩하고 강하신 하나님 앞에 설 수 있는 죄인은 아무도 없었을 것이다. 그러나 하나님은 부드러운 모습으로 우리를 찾아오셨다. 그래서 누구든지 그분께 나아갈 수 있다. 부모에게서 따뜻한 사랑을 받은 자녀는 가장 큰 잘못을 저질렀을 때조차 부모를 먼저 찾는다. 세상에서 자신을 끝까지 사랑해 줄 이를 알기 때문이다. 이것이 바로 탕자가 아버지의 집으로 돌아올 수 있었던 용기의 비밀이다.

사랑의 반대는 단순히 미움이 아니다. 무관심과 두려움, 그리고 힘의 과시다. 힘을 과시하고 권력을 드러내려는 태도는 대개 사랑의 결핍에서 비롯된다. 사랑은 힘을 빼는 것이다. 힘주지 않고 져주는 것이다. "자식 이기는 부모 없다"라는 말처럼, 더 사랑하는 쪽이 져준다. 엄마와 딸이 다툴 때 결국 한 발 물러서는 이는 대개 더 사랑하는 쪽이다. 관계 안에서 상대를 누르려는 마음은 사랑의 크기만큼 줄어든다.

시인 최승호의 시 〈오징어 부부〉에는 이런 구절이 있다. "그 오징어 부부는 사랑한다고 말하면서 부둥켜안고 서로 목을 조르는 버릇이 있다." 사랑이라는 이름으로 행해지는 '갑질'은 폭력에 가깝다. 진정으로 사랑하면 갑의 자리를 고집하지 않는다. 기꺼이 을의 자리에 선다.

우주 만물을 창조하신 하나님께서 초라한 마구간에서 아기 예수로 오셨다. 전능하신 분이 스스로 힘을 빼고 가장 낮은 자리로 내려오신 사건, 그것이 성육신의 신비다. 사랑하시기에 약해지셨고, 사랑하시기에 낮아지셨다. 그리고 마침내 십자가에서 완전히 자신을 내어주셨다.

참사랑은 갑옷을 벗는 일이다. 갑의 자리도 내려놓는 일이다. 사랑은 이기는 것이 아니라 내어주는 것이다. 지배하는 것이 아니라 품어주는 것이다. 힘을 빼고 낮아질 때, 비로소 사랑은 사랑이 된다. 그리고 그 약함 속에서 세상은 가장 강한 구원을 만난다.

십자가 사랑의 비밀

성경적 사랑은 언제나 연약함의 모습으로 나타난다. 아버지가 아들을 진정으로 사랑하면, 그 사랑 앞에서 아버지는 강해지기보다 오히려 약해진다. 사랑은 사람을 무장시키기보다 무장 해제시킨다. 반대로, 사랑할 줄 모르는 아버지는 자녀 앞에서 늘 강함으로 자신을 드러낸다. 권위와 통제로 사랑을 대신하려 한다. 그러나 강함은 존경을 얻을 수 있을지 몰라도, 마음을 얻지는 못한다. 바른 사랑은 힘을 과시하지 않는다. 언제나 힘을 빼고, 스스로 낮아지는 모습으로 드러난다.

하나님께서 우리 가운데 오신 방식도 그러하다. 만일 하나님이 강하고 온전한 위엄으로만 나타나셨다면, 그 거룩 앞에 설 수 있는 죄인은 단 한 사람도 없었을 것이다. 그러나 하나님은 연약한 모습으로 우리에게 다가오셨다. 그래서 누구든지 그분 앞으로 나아갈 수 있다. 부모가 사랑으로 약해질 때, 자녀는 가장 큰 잘못을 저지르고서도 부모를 향해 발걸음을 옮긴다.

자녀가 힘들고 아플 때 가장 먼저 부모를 찾는 이유는, 세상에 부모만큼 자신을 조건 없이 품어 줄 이가 없음을 알기 때문이다. 이 사랑이 바로 탕자가 아버지의 집으로 돌아갈 수 있었던 용기의 근원이다. 반대로 부모가 두려운 존재가 되는 까닭은, 그들이 사랑으로 낮아진 기억이 없기 때문이다. 늘 강한 모습으로만 서 있었기에, 자녀는 또다시 상처 입을까 두려워 그 앞에 서지 못한다.

우리는 상처 입은 사람 앞에서 너무 쉽게 '정답'을 말하곤 한다. 힘든 이에게 "기도해야지"라고 말하는 것은 틀린 말이 아니다. 낙제한 아들에게 "학생이면 공부를 열심히 해야지"라고 말하는 것도 옳은 말일 수 있다. 그러나 옳은 말이 곧 도움이 되는 말은 아니다. 인생에는 도움이 되지 않는 정답이 생각보다 많다.

신앙생활을 오래 하다 보면 묘한 습관이 생긴다. 스스로도 온전히 살아내지 못하는 정답을, 다른 사람에게는 쉽게 건네는 태도다. 물론 모든 문제의 궁극적인 답은 예수 그리스도이시다. 그러나 그 진리는 가볍게 던질 수 있는 문장이 아니다. 아무 때나, 아무 상황에서나 반복되는 교훈은 오히려 사람의 마음을 닫게 만들 수 있다. 사랑은 정답을 던지는 것이 아니라, 함께 아파해 주는 것이다.

살아 있는 생명은 유연하다. 누군가 밀어오면 잠시 물러섰다가, 다시 다가갈 줄 안다. 쿠션처럼 부드럽게 반응하며 관계를 지켜 낸다. 그러나 상처가 많은 사람은 사사건건 옳고 그름을 따지고, 이겼느냐 졌느냐를 가리며 산다. 아마도 마음 깊은 곳의 두려움이 그를 단단하고 굳게 만들었기 때문일 것이다.

성경적 사랑은 결국 이 유연함 속에서 드러난다. 강함으로 상대를 눌러 이기는 것이 아니라, 연약함으로 품어 안는 것. 힘을 빼고 낮아질 때, 비

로소 사랑은 생명을 살린다. 그리고 그 사랑이 사람을 하나님께로 다시
이끈다.

바보가 되는 지혜

몇 년 전 영화 〈맨발의 기봉이〉를 봤다. 잔
잔한 남쪽 바다와 한적한 시골 마을을 배경으로, 기봉이라는 노총각이
살아간다. 실제 나이는 마흔이지만, 어린 시절 앓은 열병으로 발달장애
를 갖게 되어 정신 연령은 여덟 살에 머물러 있다.

기봉이는 효심이 지극하다. 동네 이 집 저 집에서 허드렛일을 도맡아 하
며 산다. 품삯으로 쌀이나 빈친거리를 받으면, 그것을 조금이라도 빨리
어머니에게 가져다주고 싶어 신발도 신지 않은 채 맨발로 달려간다. 그
래서 사람들은 그를 '맨발의 기봉이'라고 부른다.

생활 형편은 넉넉하지 않지만, 그의 얼굴에는 그늘이 없다. 늘 환하고,
늘 고맙고, 늘 웃고 있다. 누가 궂은일을 시켜도 싱글벙글하고, 품삯이
넉넉하지 않아도 개의치 않는다. 그런 아들을 바라보는 어머니의 마음
은 오히려 아프다. 어느 저녁, 환히 웃고 있는 아들에게 묻는다.

"아그야, 너는 인생이 그렇게 행복하냐?"

기봉이는 조금도 망설이지 않고 대답한다. 환한 미소를 지으며.

객관적으로 보면, 그에게는 행복할 조건이 많지 않아 보인다. 넉넉한 재산도, 화려한 직업도, 세상이 말하는 성공도 없다. 그런데 그는 왜 행복했을까.

어쩌면 그의 마음에는 '기대치'가 높지 않았기 때문일지 모른다. 자신에 대한 기대, 이웃에 대한 기대, 세상에 대한 기대가 복잡하게 얽혀 있지 않았다. 그는 자신을 과장하지 않았고, 남을 계산하지 않았으며, 삶을 지나치게 무겁게 해석하지도 않았다. 주어진 하루를 받아들이고, 주어진 사람을 사랑하고, 주어진 일에 감사하며 살았다. 삶을 단순하게 살았기에 마음도 단순했고, 그 단순함이 그를 행복하게 했던 것이다.

돌이켜 보면 나는 그와 반대로 살아온 시간들이 많았다. 스스로를 높이 평가했고, 남보다 앞서야 한다는 생각에 매여 있었으며, 삶을 지나치게 복잡하게 계산했다. 더 큰 것을 원했고, 더 많은 인정을 갈망했다. 그러니 작은 기쁨은 쉽게 지나쳤고, 이미 가진 것에는 만족하지 못했다. 행복이 멀게 느껴졌던 이유가 어쩌면 거기에 있었는지도 모른다.

성경은 우리에게 어리석어 보이는 길을 가르친다. 높아지려 하기보다 낮아지고, 움켜쥐기보다 내어주며, 따지기보다 용서하라고 말한다. 예수께서는 이렇게 말씀하셨다. "누가 네 오른뺨을 치거든 다른 뺨마저 돌려 대어라. 또 네 속옷을 가지려는 자에게는 겉옷까지 내주어라. 누가 천 걸음을 가자고 강요하거든, 그와 함께 이천 걸음을 가주어라."

세상의 기준으로 보면 손해 보는 삶이고 어리석은 선택처럼 보인다. 그러나 어쩌면 그 길이야말로 마음을 가볍게 하고, 삶을 단순하게 하며, 우리를 자유롭게 하는 길인지도 모른다. 낮아지고 비우고 지울수록 우리는 더 가벼워진다. 더 많이 내려놓을수록 더 많이 누리게 된다.

기봉이는 많은 것을 알지 못했지만, 어쩌면 가장 중요한 한 가지는 알고 있었는지도 모른다. 행복은 많이 소유하는 데 있지 않고, 단순하게 사랑하는 데 있다는 사실을. 그리고 그 단순함 속에서 그는 이미 누구보다 부요한 삶을 살고 있었다.

비논리적인 사랑

제주항공 여객기 참사로 179명이 세상을 떠난 지 1년이 되었다. 아직도 사고의 정확한 원인은 규명되지 않은 채, 오늘 무안 공항에서는 추도식이 열렸다. 그 소식을 접하니 비통한 마음이 들었다. 그런데 한층 더 참담함과 분노를 자아내는 이야기가 뒤따라왔다. 깊은 슬픔에 잠겨 있는 젊은 유가족들에게 현장에 있던 어떤 이가 "고통스럽지만 하나 더 낳으면 되니, 이 슬픔을 극복하고 일어나라"는 권면을 위로로 건넸다는 것이다. 정말 그런 말을 위로라고 생각했을까.

자녀에 대한 사랑은 그 무엇으로도 대체될 수 없는 사랑이다. 그 아이이기에 사랑하는 것이지, '다른 아이'로 채워질 수 있는 자리가 아니다. 자녀를 잃은 슬픔은 시간이 흐른다고 정리되거나 대체되지 않는다. 인간은 살아 있는 자로서 다시 일상을 살아가야 하기에 겉으로는 웃기도 하고 일하기도 하지만, 그 상실은 결코 단순한 계산으로 환산되지 않는다.

사랑은 본질적으로 비논리적이다. 자녀는 부모의 사랑을 확신할 때, 그 사랑을 담보로 떼를 쓰기도 한다.

"제발 밥 좀 먹어라."
"밥 먹으면 뭐 줄 건데?"

자기를 위해 먹으라는 말인데도 아이는 조건을 내걸고 협상을 시도한다. 전혀 합리적이지 않다. 그러나 아이는 안다. 자신이 사랑받고 있다는 사실을. 그 확신이 아이를 당당하게 만든다.

우리 집에도 밥상 앞에서 유난히 까다롭게 굴던 동생이 하나 있었다. 어머니가 참다못해 "그럼 먹지 마"라고 말하면, 동생은 수저를 내려놓고 방문을 쾅 닫고 들어가 버렸다. 겉으로 보면 가장 손해 보는 쪽은 밥을 굶는 아이다. 그런데 이상하게도 더 괴로워하는 사람은 늘 어머니였다. 동생은 그 사실을 모를 리 없었다. 그래서 더 배짱을 부렸는지도 모른다. 결국 어머니는 나를 보내 달래게 하셨고, 나는 못 이긴 척 동생 방에 들어가 타일렀다.

"먹지 말랬잖아." 어머니의 말은 분명 그렇게 들렸지만, 실은 "제발 좀 먹어 다오"라는 간절함의 반어였다. 사랑은 자주 이런 모순된 언어로 표현된다. 겉은 강하지만, 속은 무너져 있다. 아이를 향한 부모의 사랑은 늘 손해 보는 쪽을 자처한다. 비합리적이고, 비효율적이며, 계산이 맞지 않는다.

고아원을 방문한 사람들이 공통적으로 말하는 인상이 있다고 한다. 아이들은 비슷한 환경에서 자라지만, 한 가지 분명한 차이가 있다. 그곳에는 '어리광'이 드물다. "밥 안 먹을래요"라고 말하면, 정말로 밥을 먹지 못한다. 사랑을 담보로 한 협박이 통하지 않는다. 생존만이 남는다. 사랑이 보장된 자리에서만 가능한 행동이 바로 어리광이다.

이 대조 속에서 우리는 하나님의 사랑을 떠올리게 된다. 하나님의 사랑

역시 논리와 계산을 넘어선다. 조건을 따져 보상하지 않으시고, 효율을 계산해 사랑하지 않으신다. 우리는 모두 그 사랑을 받고 살아간다. 그 사랑이 주는 안정감이 '자녀의 특권'이다. 그래서 우리는 넘어지면서도 다시 일어설 수 있고, 때로는 떼를 쓰면서도 결국 돌아올 수 있다.

나는 그 사랑의 그림자를 아주 희미하게나마 경험해 본 적이 있다. 지금의 아내와 연애하던 시절이었다. 가진 것도 없었고, 미래도 불확실했다. 나는 학생이었고, 매달 부모님께 생활비를 받아쓰고 있었으며, 언제 끝날지 모를 유학을 준비하고 있었다. 현실적으로 따지면 무모한 사랑이었다. 그러나 함께 있을 수만 있다면 가난해도 괜찮을 것 같았고, 조금 굶어도 견딜 수 있을 것 같았다. 밤을 새워도 피곤하지 않았고, 시간은 전혀 다르게 흘렀다. 같은 한 시간이었지만, 군대에서의 한 시간과는 전혀 다른 밀도를 지니고 있었다.

진정으로 사랑하면 사람은 이성을 넘어선다. 사랑에는 언제나 지나침이 있다. 무리함이 있다. 그러나 그 무리함이야말로 사랑의 증거다. 사랑하지 않는 사람은 결코 가질 수 없는 에너지다.

부모가 자녀를 향해 보이는 그 지나치고 무모한 사랑은, 어쩌면 우리를 향한 하나님의 사랑을 비추는 작은 계시일지 모른다. 그 사랑 안에 머물 때 우리는 불안 대신 안정감을 얻고, 두려움 대신 담대함을 배운다. 논리로는 설명할 수 없지만, 그 사랑이 우리를 살린다. 그래서 나는 오늘도 믿는다. 사랑은 비논리적이기에 위대하고, 계산되지 않기에 영원하다고. 그리고 그 사랑 안에서 우리는 비로소 자녀답게 살아갈 수 있다고.

행위는 은혜의 열매로

우리는 구원이 오직 믿음으로 말미암는다고 고백한다. 입술로는 분명히 은혜를 말한다. 그런데 강단에서 선포되는 수많은 메시지를 듣다 보면, 어느 순간 마음 한구석에서 묘한 혼란이 일어난다. 헌신과 열심, 순종과 결단이 반복적으로 강조되다 보면, 마치 우리가 무엇을 해야만 구원에 이를 수 있는 것처럼 느껴지기 때문이다. 이론적으로 행위는 구원의 조건이 아니라 결과이며, 은혜로 구원받은 삶에 자연스럽게 맺히는 열매라고 배웠다. 그럼에도 행위가 자주 전면에 등장하는 이유는 뭘까. 그것은 어쩌면 은혜를 경험했다고 말하면서도 삶의 열매가 보이지 않는 현실 앞에서 느끼는 조급함 때문일지도 모른다.

개혁주의 신학 전통이 소중히 여기는 하이델베르크 요리문답은 그 구조 자체로 중요한 메시지를 전한다. 죄 – 구원 – 봉사 또는 죄책 – 은혜 – 감사라는 순서다. 이 배열은 단순한 목차가 아니라, 신학적 선언이다. 감사와 봉사의 삶은 은혜로 구원받은 결과이지, 결코 그 원인이 아니라는 뜻이다. 믿음이 먼저이고, 행위는 그 뒤를 따른다. 은혜가 뿌리라면, 행위는 열매다.

그러나 이 순서가 흔들릴 때, 우리의 삶도 함께 흔들린다. 은혜의 자리에서 출발하지 않은 열심은 자칫 자기의 의(義)로 변질되기 쉽다. 은혜 밖에서의 수고는 어느새 공로가 되고, 공로는 비교와 판단을 낳는다. 선한 의도로 시작한 일이, 결국 자신을 드러내는 수단으로 바뀌어 버린다.

예를 들어 '이웃을 사랑하라'는 말씀을 붙들고 주변 사람을 진심으로 사랑해 보겠다고 결심해 보자. 인내하고, 손해를 감수하고, 나름 최선을 다했다고 느낀다. 그런데 어느 순간 이런 생각이 스며든다. '내가 그렇게까지 해줬는데, 왜 저 사람은 나를 몰라주지?' 인간의 노력으로 쌓아 올린 사랑은 종종 이 지점에서 무너진다. 사랑이 사랑으로 돌아오지 않는다고 느끼는 순간, 우리는 계산기를 두드리거나 깊은 허탈감에 빠진다.

그래서 아이러니하게도 교회를 위해 가장 열심히 봉사한 사람이 가장 쉽게 시험에 든다. '내가 교회를 위해 얼마나 헌신했는데.' 가정에서도 마찬가지다. 배우자를 위해 최선을 다했다고 믿는 쪽일수록 더 크게 상처받는다. '내가 당신에게 어떻게 했는데.' 선한 의지는 그렇게 또 다른 죄의 씨앗이 된다. 겉으로는 헌신이지만, 속으로는 인정받고 싶어 하는 마음이 자리 잡고 있었기 때문이다.

그렇다면 아무것도 하지 않는 것이 답일까. 모든 행위를 멈추고 손을 놓아야 할까. 결코 그렇지 않다. 문제는 행위 자체가 아니라 출발점이다. 내 안에서 선한 것이 스스로 흘러나올 수 없다는 사실, 나의 전적인 무능과 한계를 정직하게 인정하는 자리에서 은혜는 시작된다. 무엇을 이루었기 때문이 아니라, 내세울 것이 없음을 깨닫는 그 자리에서 길이 열린다.

그 자리에서 남는 것은 단 하나다. 여전히 하나님을 앙망하며 기다릴 수 있는 마음. 무엇을 하겠다는 결심보다, 무엇을 증명하겠다는 의지보다, 하나님 앞에서 잠잠히 그분을 바라보는 태도가 먼저다. 은혜는 어쩌면 그 기다림 속에서 찾아온다.

오직 주님의 은혜 안에서만 우리의 행위는 새롭게 태어난다. 더 이상 자신을 증명하는 수단이 아니라, 이미 받은 사랑에 대한 감사의 응답으로. 그때 비로소 헌신은 짐이 아니라 기쁨이 되고, 열심은 부담이 아니라 자유가 된다. 은혜는 행위를 없애지 않는다. 오히려 은혜만이 행위를 살린다.

십자가와 십자가 정신

　　　　　　인류의 역사는 전쟁의 역사라고 해도 과언이 아니다. 수많은 싸움이 있었지만, 그중에서도 가장 잔인한 전쟁은 종교와 이데올로기의 이름으로 치러진 전쟁이었다. 본래 용서와 관용을

말해야 할 종교가, 오히려 가장 가혹한 폭력의 명분이 되는 역설은 우리
를 깊이 숙연하게 만든다. 신의 이름이 인간의 욕망을 정당화하는 도구
가 될 때, 신앙은 가장 비인간적인 얼굴로 변한다. 어린아이와 여인에게
까지 '거룩한 사명'이라는 이름을 씌워 폭력을 종용하는 현실은, 우리가
왜 하나님을 바르게 알고 믿어야 하는지를 일깨워 준다.

기독교 역사 안에도 지울 수 없는 상처가 있다. 바로 십자군 전쟁이다.
11세기 말부터 13세기 말까지 약 200년에 걸쳐 이어진 이 전쟁은 '성지
탈환'이라는 거룩한 명분을 내세웠다. 그러나 그 이면에는 복잡한 욕망
이 얽혀 있었다. 교황은 황제보다 우위에 서는 권력을 원했고, 왕과 귀
족들은 영토 확장과 영향력 강화를 꿈꾸었다. 기사들은 명예와 부를, 상
인들은 무역의 확대를, 농민들은 고된 삶에서 벗어날 기회를 기대하며
동방으로 향했다. 십자가를 앞세웠지만, 그 행렬을 움직인 동력은 십자
가의 정신이 아니라 인간의 탐욕이었다.

그 전쟁은 이름은 거룩했으나 내용은 참혹했다. 하나님이 누구신지, 하
나님의 마음이 무엇인지 묻지 않은 채 진행된 폭력은 결국 십자가의 본
질을 훼손했다. 그 상흔은 세월이 흘러도 쉽게 아물지 않았고, 오늘날까
지도 기독교와 이슬람 세계의 갈등 속에 그림자를 드리우고 있다.

유럽 역사에서 또 하나의 비극은 30년 전쟁이다. 1618년부터 1648년까

지 이어진 이 전쟁은 로마 가톨릭과 개신교 진영 간의 갈등으로 촉발되었고, 약 800만 명의 생명을 앗아갔다. 독일 땅의 3분의 1이 폐허가 되었다. 하나님의 사랑을 말하던 이들이 서로를 향해 칼을 겨누었다. 성경에서 명분을 찾았지만, 정작 성경이 말하는 사랑과 자비는 실종되었다. 십자가를 들었으나, 십자가의 길은 걷지 않았다.

십자가 정신은 단순한 상징이 아니다. 그것은 하나님 사랑과 이웃 사랑이라는 구체적 삶의 태도다. 원수를 향한 용서, 힘이 아닌 희생으로 드러나는 사랑이 십자가의 본질이다. 그런데 우리는 얼마나 자주 십자가를 장식처럼 걸어 두고, 그 정신과는 무관한 선택을 반복하는가.

건강한 영성은 비움에서 시자된다. 자기 확장가 자기 증명이 욕망을 내려놓는 자리에서 비로소 하나님의 것이 들어설 공간이 생긴다. 그리고 그 채움이 성숙할 때, 그것은 자연스레 이웃과 나누는 삶으로 이어진다. 비움 없이 채움만을 추구할 때, 신앙은 또 다른 욕망의 도구가 되기 쉽다.

어리석은 새는 반짝이는 것은 무엇이든 둥지로 물어 온다고 한다. 날카로운 유리 조각도, 찢어진 양철 조각도 빛난다는 이유만으로 가져온다. 그러나 그 반짝임은 결국 둥지를 파괴하고, 새의 몸을 상하게 하며, 끝내 생명까지 위협한다. 겉으로 빛나는 것에 집착한 결과다.

우리의 신앙도 다르지 않다. 명예, 성공, 영향력, 승리와 같은 반짝이는 가치들을 십자가라는 이름으로 포장해 둥지 안에 쌓아 둘 때, 결국 상처를 입는 것은 우리 자신이다. 자기 안의 탐심과 어둠을 버릴 때에야 비로소 주님이 들어오실 여백이 생긴다. 버림은 상실이 아니라 자유다. 나무가 가장 화려한 순간인 꽃을 떨어뜨려야만 열매를 맺듯이, 신앙도 내려놓을 때 비로소 결실을 맺는다.

십자가는 높이 들기 위한 깃발이 아니라, 자신을 낮추는 길이다. 우리가 다시 붙들어야 할 것은 십자가의 모양이 아니라 십자가의 정신이다. 그것은 힘으로 이기는 길이 아니라, 사랑으로 지는 길이며, 소유로 채우는 길이 아니라, 비움으로 완성되는 길이다.

낮아짐의 위대함

사람들이 보편적으로 떠올리는 위대함은 대개 비슷하다. 강해지는 것, 높아지는 것, 커지는 것, 부해지는 것, 유명해지는 것이다. 경쟁에서 이기고, 상대를 제압하며, 정상에 오르는 것을 우리는 위대함이라 부른다. 싸워 이기는 능력은 칭송을 받고, 남보다 앞서는 속도는 존경의 기준이 된다. 그 결과 세상은 점점 더 단단해지고 강팍해졌다. 모두가 위로 올라가려 애쓸 뿐, 아래로 내려가려는 사람은 드물어졌다.

그러나 예수께서는 전혀 다른 길을 말씀하셨다. 강해지는 대신에 약해지라고, 높아지려 하지 말고 낮아지라고, 커지려고 하기 보다는 작아지라고 하셨다. 스스로를 부인하고, 싸워 이기기보다 져주는 것이야말로 참된 힘이라고 가르치셨다. 우리가 움켜쥐려는 그 자리에서 손을 펴는 것, 그것이 하나님 나라의 역설이다.

몇 해 전, 딥마인드가 개발한 인공지능 알파고와 세계 정상급 기사 이세돌의 대결을 전 세계가 지켜보았다. 인간 최고수라 불리던 기사가 인공지능 앞에서 무너지는 장면은 충격이었다. 그 경기를 보며 나는 직감했다. 이제 '머리 좋고 똑똑한 사람'이 세상을 지배하던 시대조차도 저물고 있는 것은 아닐까 하는 생각이었다.

인류의 역사는 지배 방식의 변천사이기도 하다. 힘센 자가 무리를 다스리던 시대가 있었고, 활을 잘 쏘는 자가 권력을 쥐던 시대도 있었다. 무력이 제도를 이기던 때가 지나고, 시험을 통과한 관료가 나라를 운영하는 시대가 열렸다. 그리고 우리는 오랫동안 지성과 정보, 계산 능력이 우위를 점하는 시대를 살아왔다. 그러나 이제 인공지능은 그 영역마저 빠르게 대체하고 있다. 더 빨리 계산하고, 더 정확하게 예측하며, 더 많은 정보를 처리하는 능력에서는 인간이 더 이상 절대적 우위를 자랑할 수 없게 되었다.

아이러니하게도, 그토록 똑똑함을 숭상해 온 시대에 우리는 또 다른 위기를 마주하고 있다. 머리가 좋은 사람들이 사회를 더 정의롭고 따뜻하게 만들지 못하는 현실을 보며, 나는 묻게 된다. 과연 위대함이란 무엇인가. 최고가 되는 것, 모든 상대를 눌러 이기는 것이 인간의 본질적 위대함이라면, 인류가 꽃피운 화려한 문명은 이미 오래전에 무너졌어야 하지 않았을까.

인간이 여전히 위대한 이유는 다른 데 있다. 이웃의 눈물을 보고 마음을 바꿀 수 있기 때문이다. 손해를 감수하면서도 슬쩍 양보할 줄 알기 때문이다. 계산기를 두드리기보다 관계를 선택할 수 있기 때문이다. 인류가 바둑에서 인공지능에게 패했다 해도, 인간의 존엄과 위대함까지 넘겨준 것은 아니다.

만약 우리가 알파고처럼 '이길 줄만 아는 사람'을 길러내는 데에만 몰두한다면, 우리의 미래는 어떠할까. 어린 아들과 씨름을 하며 일부러 져줄 수 있는 마음, 혼자 앞서가기보다 조금 늦더라도 함께 가려는 마음, 혼자 누리기보다 어려운 이웃을 돌아보며 자신의 것을 나누는 마음이야말로 세상을 살 만하게 만든다. 잘난 사람들과 어울려 더 높이 오르기보다, 낮은 자리를 찾아가 함께 앉는 마음. 누구나 움켜쥐려는 권리를 기꺼이 내려놓는 태도. 그 속에 인간의 위대함이 있다.

인공지능 기술이 더욱 발전해 우리가 서로를 이기기 위한 경쟁에만 몰두한다면, 인류는 스스로를 소모하다가 결국 무너질지도 모른다. 더 빠르게, 더 많이, 더 정확하게 일하는 능력이 인간의 궁극적 가치를 증명하지는 않는다. 오히려 가장 낮은 자리로 내려가 섬김으로 다스리신 주님의 모습이 참된 힘이 무엇인지 보여 준다. 모든 이를 섬기면서도 누구보다 높아지신 그 역설 속에서, 우리는 위대함의 새로운 정의를 배운다.

진정한 위대함은 정상에 서는 데 있지 않다. 누군가를 일으켜 세우기 위해 스스로 한 걸음 내려오는 데 있다. 이길 수 있음에도 불구하고 져 줄 수 있는 마음, 가질 수 있음에도 나눌 수 있는 용기, 앞설 수 있음에도 기다려 줄 수 있는 여유. 약해질 줄 아는 힘, 낮아질 줄 아는 용기, 그것이야말로 인간을 인간답게 하는 위대함이다.

일상의 신비

기독교 신앙은 일상의 신비 안으로 들어가는 삶이다. 기독교 신앙을 바르게 이해하기 위해서는 특별한 체험이나 극적인 사건을 찾아 헤매기보다, 오히려 일상의 깊이로 들어가야 한다. 하나님께서는 세상을 창조하셨을 뿐 아니라, 지금도 그 피조 세계를 쉬지 않고 다스리신다. 그리고 그 다스리심은 번쩍이는 기적이나 요란한 표적 속에서만이 아니라, 우리의 평범한 하루 속에 은폐된 방식으로 스며 있다. 기독교 신앙이란 예수 그리스도를 통해 이러한 일상의 신비 안으로 들어가는 삶의 태도다.

그러나 우리는 종종 이 신비를 오해한다. 일상의 자리에서 하나님을 발견하지 못할 때, 신앙은 쉽게 왜곡된다. 어떤 이들은 세상을 귀신의 지배 아래 놓인 공간으로 전제하고, 귀신을 쫓아내는 능력이 곧 믿음의 능력이라고 말한다. 물론 악의 현실을 부정할 수는 없다. 하지만 하나님의 임재가 가장 분명하게 드러나는 자리가 우리의 일상이라는 사실을 놓친다면, 신앙은 금세 주술적 사고로 기울어 버린다. 기복주의 역시 마찬가지다. 하나님을 인격적 관계의 주체로 모시기보다, 필요를 채워 주는 능력으로만 대할 때 신앙은 거래가 된다.

또 다른 왜곡은 감상주의다. 십자가를 떠올리기만 하면 자동적으로 눈물이 흐르고, 감정이 북받쳐야만 신앙이 깊다고 여기는 태도다. 물론 예수 그리스도의 사랑을 깊이 경험한 사람은 뜨겁게 반응할 수 있다. 열정은 신앙의 소중한 표현이다. 그러나 감정이 기계적으로 반복되고, 눈물의 양이 신앙의 깊이를 대신하는 순간 문제가 생긴다. 기독교 신앙은 단지 감정을 확인하는 일이 아니다. 그것은 예수 그리스도의 사건에 자신의 현재와 미래를 맡기는 결단이며, 삶 전체를 그분께 의탁하는 태도다.

일상의 깊이로 들어간다는 것은 그리스도의 사건이 우리의 하루와 분리되지 않는다는 뜻이다. 주일의 고백이 월요일의 선택과 이어지고, 예배당의 기도가 가정과 일터의 관계 속에서 구체화되어야 한다는 말이다. 이를 위해 우리는 두 가지 통찰이 필요하다. 하나는 신학적 통찰이다. 그리스도의 십자가와 부활이 무엇을 의미하는지, 그것이 인간 존재에 어떤 전환을 가져왔는지를 깊이 이해하는 일이다. 다른 하나는 인문학적 통찰이다. 우리가 살아가는 시대와 사회, 인간의 욕망과 두려움을 꿰뚫어 보는 일이다. 이 두 통찰이 만날 때, 우리는 비로소 일상 속에 숨겨진 보물을 발견하게 된다. 그리고 그 발견은 조용하지만 깊은 기쁨을 안겨 준다.

초기 기독교 공동체 역시 두 차원 위에 서 있었다. 하나는 삶의 현실이고, 다른 하나는 신앙의 현실이다. 이 두 세계는 서로 다른 차원을 이루면서도 결코 분리되지 않았다. 하나님과의 분명한 관계에서 비롯된 신앙의 현실은 구체적인 삶의 자리와 끊임없이 소통했고, 반대로 일상의 노동과 식탁과 관계는 하나님과의 영적 관계 안에서 그 의미를 찾았다.

만일 인간의 삶에서 영적 차원이 사라진다면, 우리는 결국 '잘 먹고 잘 살다가 죽는 존재' 이상이 되지 못할 것이다. 삶은 효율과 소비의 문제로 축소되고, 존재의 의미는 얕아질 수밖에 없다. 반대로 신앙이 삶과 연결되지 못하면, 그것은 공중에 떠 있는 추상으로 남아 허무주의에 빠지고 만다. 교리만 있고 삶이 없을 때, 신앙은 현실을 견디지 못한다.

일상의 신비는 거창하지 않다. 아침에 눈을 뜨는 일, 누군가의 안부를 묻는 일, 맡겨진 일을 성실히 감당하는 일, 상처를 입었으나 다시 용서하기로 선택하는 일 속에 하나님은 조용히 일하신다. 기독교 신앙은 그 조용한 일하심을 알아보고, 그 흐름에 자신을 내어 맡기는 삶이다. 특별함을 좇기보다 평범함 속으로 더 깊이 내려갈 때, 우리는 비로소 하나님 나라의 숨결을 느끼게 된다.

사랑의 확신과 안정감

나는 스스로 부모를 선택해 태어난 존재가 아니다. 태어날 시기도, 가정환경도, 형제의 순서도 내가 결정한 것은 하나도 없다. 조물주의 섭리와 경륜 속에서, 나는 내 의지와 상관없이 한 어머니의 몸을 통해 이 땅에 생명을 부여받았다. 그렇게 나의 삶은 철저히 수동적으로 시작되었다. 그러나 눈을 떠 보니 비교적 안정된 가정 안에서 자라고 있었다. 지금 돌아보면 그것은 내 인생의 큰 선물이었다.

이 사실은 기독교가 말하는 구원의 이해와도 닮아 있다. 구원은 인간의 노력이나 성취의 결과가 아니라, 생명의 주인 되시는 하나님께서 은혜로 주시는 선물이다. 우리는 자주 이 단순하지만 중요한 진리를 놓친다. 생명이 내 안에 있다는 사실, 그리고 사랑받을 수 있는 환경이 주어졌다는 사실을 나는 한참이 지나서야 깨닫게 되었다. 의식이 성숙해질수록 그 깨달음은 더 또렷해졌다. 마치 흐릿하던 영적 세계가 점점 선명해지는 경험과도 같았다.

나는 한국 전쟁 직후인 1950년대 초반에 태어났다. 전쟁의 상처가 채 아물지 않았던 시절이었다. 국토는 폐허가 되었고, 먹고사는 일 자체가 버거운 시대였다. 그 와중에도 굶지 않고 자랐다는 것은 비교적 넉넉한 가정에서 보호받았다는 뜻일 것이다. 더구나 맏아들로 태어나 부모님의 각별한 사랑을 받으며 성장했다. 하지만 그 시절의 기억 속에는 지금까지도 선명하게 남아 있는 한 장면이 있다. 그리고 그 장면은 내게 사랑의 본질에 대해 깊은 교훈을 남겼다.

내가 살던 마을 한가운데에는 공동 우물이 있었다. 동네 아주머니들이 물을 길어 가고 채소를 씻던 그곳은 자연스레 마을의 중심이 되었다. 그러나 삶이 팍팍했던 시절, 우물가는 험담과 다툼이 오가는 장소이기도 했다. 이를 지켜보던 신앙심 깊은 어머니는 마음 아파하며 동네를 위해 무엇을 할 수 있을지 고민하셨다. 결국 우리 집 마당에 우물을 파고 펌프를 설치해 이웃에게 개방하기로 결심하셨다. 단 하나의 조건이 있었다. 남의 험담을 하는 사람은 이 물을 사용할 수 없다는 것이었다.

그렇게 우리 집은 또 하나의 공동체가 되었다. 농한기에는 사랑방에 사람들이 모여 이야기를 나누곤 했다. 그러나 어린 나에게 그 공간은 때로 상처의 장소가 되었다. 어른들이 농담처럼 던진 말들이 내 마음을 깊이 흔들어 놓았기 때문이다. "너는 다리 밑에서 주워 왔다. 네 엄마가 정말 너를 낳았다는 걸 네가 직접 봤느냐." 지금 생각하면 웃어넘길 수 있는 말이지만, 어린아이의 마음에는 결코 가볍지 않았다.

나는 설명할 수 없는 불안에 휩싸였다. 혹시 내가 사랑받지 못하는 존재는 아닐까 하는 의심이 스며들었다. 어머니께 직접 물었지만, 어머니는 웃으며 대수롭지 않게 넘기셨다. 그 질문 자체가 말이 되지 않는다는 듯이. 그러나 내 안의 불안은 쉽게 사라지지 않았다. 그 시간을 지나며 나는 중요한 사실을 깨닫게 되었다. 사랑을 의심하는 순간, 사람의 마음은 불안해진다는 것이다.

사랑받고 있다는 확신은 사람에게 깊은 안정감을 준다. 충분한 사랑은 내면의 평정으로 드러난다. 반대로 사랑에 대한 확신이 없으면 마음은 쉽게 흔들린다. 자신감이 떨어지고, 관계 속에서 과민해지며, 때로는 자기중심적으로 변한다. 안정되지 못한 사람은 작은 자극에도 거칠게 반응한다. 그 뿌리에는 대개 '나는 사랑받고 있는가'라는 근원적 질문이 자리하고 있다.

이 진리는 신앙에서도 동일하게 적용된다. 하나님의 사랑을 확신할 때,

그 확신은 내면 깊은 곳에서 자유와 평강으로 흘러나온다. 사람에게 가장 평화로운 순간은 사랑이 분명해질 때다. 그것도 조건과 성취에 따라 흔들리는 사랑이 아니라, 존재 자체를 향한 무조건적인 사랑을 확신할 때이다. 내가 무엇을 이루었기 때문이 아니라, 내가 누구이기 때문에 사랑받는다는 사실을 받아들일 때 비로소 마음은 안정을 얻는다.

돌이켜보면, 나의 삶은 이미 사랑 안에서 시작되었다. 다만 내가 그 사랑을 의심하며 불안해했을 뿐이다. 그리고 지금 나는 고백할 수 있다. 사랑은 설명으로 증명되는 것이 아니라, 신뢰로 받아들이는 것임을. 하나님의 넘치는 은혜와 사랑 안에 내가 놓여 있다는 확신이야말로, 인생을 지탱하는 가장 깊은 안정감이라는 사실을. 이것은 교리로 배운 명제가 아니라, 내가 살아오며 체험한 진실이다.

하나님 나라를 산다는 것

하나님 나라는 '가는 곳'이라는 장소 개념으로만 전통적으로 배워 왔던 나에게, '지금 여기 임하는 통치'를 강조하는 성경 이해는 너무나 참신했다. 성경은 동방의 에덴에 하나님이 동산을 지으셨다고 전한다. 그곳에는 네 강이 흘러 동산을 적셨고, 땅은 풍성했으며, 하나님의 기운이 충만했다. 훼손과 왜곡이 스며들지 않은, 말 그대로 지상 낙원이었다. 하나님은 그 완전한 공간에 사람을 두시고, 그

곳을 경작하고 지키며 다스리게 하셨다. 에덴은 단순한 휴식처가 아니라, 사명을 위임받은 삶의 자리였다.

모든 건축물에는 설계자가 있고, 그 안에는 분명한 목적과 의도가 담겨 있다. 에덴 동산 역시 창조주의 뜻과 비전이 스며 있는 공간이었다. 하나님은 세상을 지으신 후, 그것을 돌보고 지키는 임무를 인간에게 맡기셨다. 우리는 우연히 던져진 존재가 아니라, 사명을 위탁받은 존재다. 창조의 세계는 우리의 소유가 아니라, 맡겨진 선물이다.

어려서부터 신앙생활을 해 온 나는 하나님을 잘 안다고 생각했다. 그러나 신학을 배우며 비로소 하나님이 내 인생과 세상을 바라보는 눈을 새롭게 열어 주셨다. 그 경험은 나의 신앙관과 세계관, 구원 이해를 근본적으로 바꾸어 놓았다. 한때 나는 교회 중심의 신앙이 전부라고 여겼고, 천국은 죽은 뒤에야 가는 곳으로만 이해했다. 그러나 배움의 과정을 지나며 예배당 중심의 사고에서 벗어나게 되었다. 천국은 단지 '사후의 장소'가 아니라, 지금 내가 살아가는 자리에서 맛보고 누려야 할 현실임을 깨닫게 되었다. 복음은 교회 울타리 안에 갇히지 않으며, 구원은 개인의 내면에만 머무르지 않는다. 복음은 세계를 향하고, 구원은 우주적이다.

특히 아브라함 카이퍼의 영역 주권 사상은 나의 이해를 넓혀 주었다. 하나님의 주권은 교회라는 영역에만 국한되지 않는다. '세상의 단 한 치의 영역도 그리스도의 통치에서 벗어나 있지 않다'는 고백은 내 신앙의 지평을 확장시켰다. 그리스도의 주 되심은 개인의 경건에만 머물지 않고, 가정과 사회, 국가와 문화, 정치와 경제를 아우른다. 온 우주는 그분의 통치 아래 있다.

우리는 흔히 천국을, 죽어서 가는 먼 미래의 공간으로만 생각한다. 그러나 성경이 말하는 하나님 나라는 하늘에만 속하지 않는다. 그것은 이 땅을 포함하며, 미래에만 속한 약속이 아니라 지금 여기에서 경험할 수 있는 통치다. 예수께서는 하나님 나라가 단지 '가는 곳'이 아니라 '임하는 것'이라고 가르치셨다. 물론 죽음 이후의 소망을 부정할 수는 없다. 그러나 '지금 여기'의 하나님 나라를 인식할 때, 우리의 삶은 훨씬 더 적극적이고 책임 있게 변한다. 성경이 말하는 새 하늘과 새 땅은 모든 것이 사라진 뒤 전혀 다른 세계가 시작되는 단절이 아니라, 왜곡되고 오염된 창조가 하나님의 뜻대로 회복되는 총체적 변화를 말한다.

그렇다면 하나님 나라는 어떻게 임하는가. 예수께서 공생애 동안 일관되게 선포하신 핵심은 하나님 나라였다. 그리고 그 문을 여는 열쇠는 회개였다. 죄는 본질을 왜곡하고 관계를 파괴하며, 창조의 질서를 흐트러뜨린다. 그러나 죄가 드러나고 돌이켜지는 곳에 하나님의 다스림이 시작된다. 나의 마음과 가정, 교회와 사회, 기업과 국가가 회개의 자리로 나아갈 때 하나님 나라는 그곳에 임한다. 회개는 단지 감정의 후회가 아니라, 방향의 전환이며 회복의 출발점이다.

그러나 우리가 마주한 현실은 에덴과 거리가 멀어 보인다. 전쟁과 기근, 폭력과 테러, 환경 파괴와 기후 위기는 창조 세계를 병들게 하고 있다. 본래 거룩한 노동은 착취의 수단으로 변질되었고, 쉼과 놀이를 잃어버린 삶은 인간성을 소진시킨다. 교회조차 복음을 전한다는 명분 아래 세상의 신뢰를 잃어버린 지 오래다. 사랑과 공감 대신 자기 정당화에 몰두한 결과, 세상은 교회를 향해 차가운 시선을 보낸다.

그럼에도 불구하고 교회의 사명은 분명하다. 병든 사회를 향해 복음의 소망을 들려주고, 상처 입은 자리마다 치유와 위로를 전하는 것이다. 구조적 어둠이 드리운 곳에 생명의 빛을 비추는 일, 그것이 우리에게 맡겨진 부르심이다. 하나님께서 우리를 천국 백성 삼으신 것은 단지 사후의 복을 약속하시기 위함이 아니다. 하나님의 뜻을 이해하고, 그 뜻을 이 땅에서 구현하도록 부르신 것이다.

기독교 신앙은 교회 안에 머물지 않는다. 예배당에서의 고백은 삶의 자리에서 검증된다. 거룩함은 세상을 떠나는 것이 아니라, 세상 속으로 들어가 하나님의 뜻을 드러내는 것이다. 타락으로 병든 세상을 창조의 목적에 맞게 회복해 가는 삶, 그것이 참된 거룩이다.

에덴은 가장 아름다운 공간이었지만, 동시에 가장 책임 있는 자리였다. 하나님은 그곳에 인간을 두시고 일하게 하셨다. 오늘 우리에게 주어진 은사와 재산과 시간 또한 흘러가야 할 선물이다. 교회는 사람과 물질을 끌어 모으는 곳이 아니라, 다시 세상으로 흘려보내는 공동체여야 한다. 모임의 목적은 흩어짐에 있다.

천국이 교회 울타리 안에만 머문다면, 그것은 하나님의 뜻이 아니다. 하나님 나라는 이 땅 한가운데서 드러나야 한다. 우리는 각자의 자리에서 빛과 소금으로 살아가며, 사랑과 은혜를 흘려보내야 한다. 세상은 하나님의 성전이기 때문이다. 그리고 그 성전을 가꾸는 일이, 오늘 우리가 살아야 할 에덴의 사명이다.

Chapter 5.

예수님의 렌즈로 보면

고등 종교가 타락하면

정통 종교에선 자기 부인을 중요한 성화의 덕목으로 꼽는다. 그러나 자기 욕망을 부인하는 종교일수록 고등 종교라 할 수 있다. 그러나 그것을 통해 자기 욕망을 더욱 채워나간다면 참된 종교로 보기 어렵고, 하등 종교로 치부된다. 나에게는 자기 욕망의 부인이라는 기본적 자세가 되어 있는가? 예수께서는 누구든지 나를 따라오려거든 자기를 부인하고 자기 십자가를 지라 하셨다.

종교가 타락하면 성직자가 급증한다. 고려 시대에 불교가 타락했을 때, 전국은 승려 천지였다. 티벳의 라마 불교가 타락했을 때, 그 나라 전국 남성의 70%가 승려였다. 1979년 팔레비를 몰아낼 때 회교의 최고 성직자였던 호메이니가 이란의 실질적인 통치자가 되었다. 이후 이란엔 회교 성직자가 넘쳐났다.

중세 가톨릭이 부패했을 때, 유럽 전역엔 신부들이 넘쳐났다. 왜 종교가 타락할 때 제일 먼저 성직자 급증 현상이 나타날까? 자기 부인이 없어졌기 때문이다. 자기 부인을 행한다는 것은 말처럼 쉬운 게 아니다. 구도자의 삶이란 모든 사람에게 본이 되는 고결한 삶을 살아간다는 걸 뜻한다. 자기 부인이 제대로 실천되는 사회에선 성직자가 급증할 수 없다. 그런데 사회에 성직자가 급증했다는 것은 자기 부인이 사라졌다는 의미이고, 성직이 하등 어려울 게 없는 존경직이 되어버렸다는 뜻이다.

스탕달이 소설 《적과 흑》에서 이 사실을 간파했다. 당시 유럽 청년들은 적색이냐, 흑색이냐를 놓고 고민에 빠졌다. 적색은 추기경의 복장을 뜻하고, 흑색은 판사의 법복을 뜻한다. 당시 유럽의 청년 엘리트들은 추기경과 판사 중 어느 쪽이 더 출세하는지를 저울질했다. 추기경이 되더라도, 자기 부인 없이 권력과 물질 등 원하던 것을 다 가질 수 있었기 때문이다.

지금 한국의 목회자 급증 현상 또한 같은 맥락으로 보인다. 한국의 모든 신학교에 재학 중인 신학생의 숫자를 모두 합하면, 한국을 제외한 세계 모든 나라의 신학생 숫자보다 더 많다고 한다. 홍수가 나면 온 사방 천지가 물바다가 된다. 그렇게 사방이 물 천지인데, 이상하게 마실 물이 없어서 고통을 받는다. 마찬가지로 지금 온 천지 사방에 교회와 신학교와 목회자들이 넘쳐나는데, 교인들은 생수의 갈증을 겪고 있다.

종교가 타락하면 신앙이 기복으로 기울기 쉽다. 이 현상 역시 자연적인 귀결이다. 성직자끼리, 또는 종교기관 사이에서 서로 신도 유치 경쟁이 벌어지게 된다. 그래서 강단에서는 신도들에게 그들이 듣고 싶어 하는 이야기를 설파한다. 유럽에 가보면 집집마다, 방마다 성화(그림) 또는 성상(조각)을 장식해 놓았다. 특히 과거에 사람을 무자비하게 죽이던 전사가 많은 마을일수록 집집마다 요란한 기독교 장식이 더 심하다. 이유인즉 기독교신앙이 기복화되었기 때문이다. 기독교 신앙이 범법자(살인, 강도, 폭행, 사기, 강간)인 성도들에게 어떤 영향도 변화도 주지 못한 채 성도 집에 무조건 복과 안녕만 가져다주면 그만인 것이다.

요즘은 신학교 지원자가 눈에 띄게 줄어들었다는 이야기를 자주 듣는다. 한때는 소명 하나만으로도 수많은 청년이 신학의 길을 택하던 시절이 있었다. 그러나 지금은 상황이 사뭇 달라졌다. 그럼에도 한국 교회는 그 원인을 외부 환경이나 시대의 변화, 혹은 젊은 세대의 가치관에서 찾으려는 경향이 있다. 물론 사회적 요인이 전혀 없다고 말할 수는 없다. 하지만 정말로 정직하게 질문해야 할 대상은 밖이 아니라 우리 자신이 아닐까.

많은 성도가 교회를 떠난 이유는 단순히 세상이 더 매력적이어서가 아니다. 교회 안에서 경험한 실망과 상처 때문이라는 고백을 우리는 무겁게 들어야 한다. 교회가 자본주의의 논리를 닮아가고, 신앙이 축복과 성공을 보장하는 수단처럼 소비되는 모습을 보며 사람들은 깊은 괴리를 느졌다. 하나님 나라를 말하면서도 실제로는 성장과 규모, 숫자와 헌금 액수를 자랑하는 분위기 속에서, 복음의 본질은 점점 흐려졌다.

기복 신앙은 특히 치명적이다. 하나님을 인격적으로 사랑하고 경외하기보다, 원하는 것을 얻기 위한 수단으로 대하는 태도는 신앙을 거래로 전락시킨다. 복은 하나님 자신이 아니라, 하나님을 통해 얻고자 하는 무엇이 된다. 이러한 왜곡은 결국 신앙의 깊이를 얕게 만들고, 고난과 실패 앞에서 쉽게 무너지는 믿음을 낳는다.

더 큰 문제는 성직자와 교회 지도자들의 도덕성이다. 설교와 삶이 일치하지 않을 때, 강단의 권위는 무너진다. 말로는 겸손을 외치면서 실제로는 특권을 누리고, 정의를 말하면서도 불의에 침묵하는 모습을 보일 때, 성도들의 마음은 돌아선다. 교회가 세상의 빛과 소금이 되지 못하고 오히려 세상과 다르지 않은 모습으로 비칠 때, 청년들은 신학교의 문을 두드리기보다 등을 돌린다.

사람들은 완전한 교회를 기대하지 않는다. 그러나 진실한 교회, 회개할 줄 아는 교회를 기대한다. 실수할 수는 있지만, 잘못을 인정하고 돌이키는 공동체를 원한다. 문제는 약함이 아니라 위선이다. 넘어짐이 아니라 책임 회피다. 교회가 자신의 상처를 직면하지 않고, 여전히 외부의 탓으로만 돌린다면 신뢰는 회복되기 어렵다.

신학교 지원자가 줄어든 현상은 단순한 숫자의 감소가 아니다. 그것은 한국 교회가 서 있는 자리와 방향을 되묻는 신호일지도 모른다. 소명이 희미해진 것이 아니라, 소명을 품을 만한 토양이 약해진 것은 아닌지 돌아보아야 한다. 젊은 세대는 성공이 아니라 진정성을 본다. 규모가 아니라 본질을 묻는다.

결국, 답은 회복에 있다. 교회가 다시 복음의 단순함으로 돌아가고, 자본의 논리 대신 섬김의 논리를 따르며, 기복이 아니라 십자가를 붙들 때 비로소 신뢰는 서서히 회복될 것이다. 지도자들이 먼저 낮아지고, 먼저 회개하고, 먼저 책임질 때 새로운 길이 열릴 것이다.

신학교 지원자가 줄어든 현실은 위기일 수 있다. 그러나 동시에 은혜일 수도 있다. 우리가 무엇을 잃어버렸는지, 무엇을 다시 붙들어야 하는지 묻는 기회이기 때문이다. 원인을 밖에서 찾기보다 우리 안에서 찾을 때, 비로소 교회는 다시 시작할 수 있다.

예배와 삶은 하나다

오늘날 우리에게 예배의 위기가 임박했다고 말하는 이유는 분명하다. 신앙의 현실, 곧 영적 경험이 한쪽에서는 무시되고 다른 한쪽에서는 왜곡된 채 작동하고 있기 때문이다. 한때 열심히 교회를 다녔지만 이제는 스스로 교회를 떠났다고 선언하는 이른바 '가나안 교인'들이 적지 않다. 그들이 등을 돌린 이유는 단순하다. 한국 교회의 예배가 때로는 미신적 열광이나 형식적 반복에 머물렀고, 교회 스스로 신뢰를 무너뜨리는 모습을 보였기 때문이다.

더 심각한 현상은 신앙에 대한 일종의 편의주의가 확산되고 있다는 점이다. 온라인 예배만을 고집하거나, 교회 공동체와의 실제적 교제 없이 다양한 성서 연구 모임으로 만족하는 태도는 결국 공동체적 예배의 본질을 약화시킨다. 이는 단순한 취향의 변화가 아니다. 예배와 교회가 직면한 구조적 위기다.

한국 교회는 오랫동안 회중 예배에 집중해 왔다. 그러나 그 집중은 때로 전혀 다른 모습의 위기를 낳는다. 일부 교회의 예배는 열정과 에너지로 가득 차 있다. 음악 전문가들이 이끄는 찬양, 값비싼 악기와 오케스트라, 최신 음향 장비와 대형 스크린, 치밀하게 구성된 설교와 감성적인 영상은 예배를 하나의 공연처럼 보이게 한다. 신앙이 없는 사람이라도 그 자리에 앉으면 감동을 경험할 수 있다. 문제는 그 감동의 근원이 어디에 있는가 하는 점이다. 그것이 하나님 앞에 선 경외의 떨림인지, 아니면 잘 기획된 연출이 만들어낸 감정의 고양인지 우리는 쉽게 분별하지 못한다.

나는 이러한 이벤트 중심의 예배가 오히려 신앙의 현실을 혼동하게 만든다고 생각한다. 예배의 중심이 하나님이 아니라 인간의 경험과 감정으로 이동할 위험이 있기 때문이다. 큰 은혜를 받았다고 말할 수는 있다. 그러나 감동이 곧 은혜는 아니다. 감정의 파동은 종교적 분위기 속에서 얼마든지 만들어질 수 있다. 기독교 신앙의 본질은 인간 내부에서 솟아오르는 감정이 아니라, 은혜의 근원이신 하나님께 시선을 고정하는 데 있다.

그렇다면 회중 예배의 본질은 무엇인가. 악기를 사용하지 않고 오직 사람의 목소리로 찬양하는 '그리스도의 교회'(Church of Christ)의 예배는 온전하지 않은가. 단순하고 절제된 삶과 경건으로 알려진 메노나이트 공동체, 현대 문명을 거의 받아들이지 않은 채 전통적 신앙을 지켜가는 아미쉬 공동체의 예배는 하나님께서 기뻐 받으시지 않는가. 재정이 넉넉지 않아 상가 건물을 시간별로 임대하며, 예배 때마다 악기를 설치하고 철수해야 하는 공동체의 예배는 덜 가치 있는가. 심지어 소리조차 크게 낼 수 없어 숨어서 드려야 하는 북한과 중국의 지하교회 예배는 어떻게 보아야 하는가. 그곳에는 화려한 무대도, 세련된 영상도, 전문적인 연출도 없다. 그러나 그 자리에는 삶 전체를 내어놓는 절박함과 진실함이 있다.

회중 예배의 위기는 누추함에서 오지 않는다. 오히려 넘침 속에서 찾아온다. 더 크고, 더 화려하고, 더 감동적인 것을 추구하다가 하나님보다 형식과 분위기에 더 많은 관심을 기울이게 될 때, 예배는 본질을 잃는다.

예배가 하나님께 드려지는 경배가 아니라 사람을 만족시키는 종교적 경험으로 변질되는 순간, 그 화려함은 위기의 신호가 된다.

결국 예배의 중심은 형식이 아니라 대상이다. 우리는 누구 앞에 서 있는가. 하나님 앞에 자신을 낮추고, 두려움과 사랑으로 나아가는가. 아니면 종교적 만족을 얻기 위해 예배를 소비하고 있는가. 오늘의 교회가 다시 물어야 할 질문은 바로 여기에 있다.

이 질문은 곧 또 다른 물음으로 이어진다. 예배와 삶은 어떻게 만나는가. 예배와 일상은 서로 다른 두 세계가 아니다. 그것들은 인식의 차원에서만 구분될 뿐, 존재의 차원에서는 하나다. 삶이 곧 예배이며, 예배가 곧 삶이다. 사도행전은 초기 공동체가 날마다 모이기를 힘썼다고 전한다. 이는 단순한 모임의 빈도가 아니라, 예배와 일상이 분리되지 않았음을 보여주는 증거다.

삶이 예배라는 말은 우리의 일상이 하나님과 동행하는 자리여야 한다는 뜻이다. 가정에서, 일터에서, 관계 속에서 우리는 하나님 앞에 선 존재로 살아간다. 반대로 예배가 삶이라는 말은, 예배가 종교적 자기만족에 머물지 않고 우리의 태도와 선택, 가치관을 변화시켜야 함을 의미한다. 예배가 끝난 자리에서 시작되는 삶이 하나님을 향하지 않는다면, 그 예배는 아직 완성되지 않은 것이다.

예배의 위기는 결국 삶의 위기다. 그리고 삶의 회복은 예배의 회복과 함께 온다. 우리가 다시 하나님 앞에 서는 법을 배우지 않는다면, 어떤 형식도 우리를 살릴 수 없다. 그러나 하나님 앞에 서는 한, 가장 단순한 자리에서도 참된 예배는 이루어진다. 예배와 삶은 둘이 아니라 하나다.

상식적인 신앙

뉴욕에서 이주해 온 한 집사님이 교회에 등록해 신앙생활을 시작했다. 그는 늘 말씀과 기도에 진지했고, 예배당에 도착하면 성경을 읽거나 조용히 기도에 잠겨 있었다. 누구와도 잡담을 나누지 않았고, 교제의 자리에도 쉽게 섞이지 않았다. 겉으로 보기에 그는 매우 경건해 보였다. 그러나 그 경건함은 시간이 흐를수록 주변 사람들과의 보이지 않는 벽을 만들어냈다. 처음에는 수줍음이 많은 성격 탓으로 이해해 보려 했다. 하지만 시간이 지나면서 그의 영성이 건강한 방향으로 자라고 있는지에 대해 의문이 들기 시작했다. 대체로 친화력이 좋은 사람으로 알려진 나조차도 왠지 접근하기가 쉽지 않았다.

관계는 자연스러운 대화 속에서 자라난다. 일상의 언어를 통해 서로를 알아가며 신뢰가 쌓인다. 그러나 그는 질문에 단답형으로 응답했고, 일상의 말 대신 '할렐루야', '아멘' 같은 종교적 표현을 습관적으로 사용했다. 그 말들은 신앙 고백의 언어이지만, 모든 상황에서 반복될 때 오히려 대화를 차단하는 벽이 되었다.

우리는 모두 부족한 존재다. 그래서 스스로의 연약함을 자책하며 살아간다. 그런데 그와 마주하면 설명하기 어려운 정죄감이 밀려왔다. 그의 의도와 상관없이, 사람들은 자신이 덜 경건한 존재처럼 느끼고 물러섰다. 몇몇은 친근하게 다가가 보려 했지만, 번번이 대화의 벽 앞에서 포기하고 돌아섰다. 경건이 사람을 품지 못하고 오히려 밀어낸다면, 그것은 무엇을 향한 경건인가.

어느 주일, 그가 두 주 연속 예배에 나오지 않아 안부 전화를 했다. 돌아온 대답은 뜻밖이었다. "꿈자리가 좋지 않아 예배에 나가지 못했습니다." 순간 니는 당황했다. 오래전부터 그의 영성을 더 세심히 돌보아야겠다는 책임감을 느끼고 있었기에 아주 놀랍지는 않았지만, 마음이 무거워졌다. 겉으로는 말씀과 기도로 단단해 보였으나, 실제 삶의 판단 기준은 미신적 불안에 흔들리고 있었기 때문이다.

이 장면은 성경의 한 구절을 떠올리게 한다. 로마서 1장은 하나님을 안다고 하면서도 그분을 영화롭게 하지 않는 인간의 어리석음을 지적한다. 겉모양은 신앙적이지만, 생각은 허망해지고 마음은 어두워질 수 있다는 경고다. 경건의 언어를 사용한다고 해서 반드시 건강한 영성을 지닌 것은 아니다.

예수님의 모습은 전혀 달랐다. 당시 종교 지도자들은 율법의 권위로 사람들을 억눌렀지만, 예수님은 죄인들이 스스로 다가오게 만드는 분이었다. 그분 앞에서는 정죄보다 회복이, 두려움보다 평안이 먼저였다. 그래서 세리와 창기들까지도 그 곁으로 모여들었다. 참된 영성은 사람을 위축시키지 않는다. 오히려 숨을 고르게 하고, 마음을 열게 하며, 다시 살아갈 용기를 준다.

이 문제는 개인의 차원을 넘어 우리 사회 전반과도 맞닿아 있다. 한국은 세계적인 경제 강국이 되었고, 첨단 기술과 산업에서 놀라운 성취를 이루었다. 그러나 동시에 여전히 미신과 풍수, 근거 없는 불안에 쉽게 흔들리는 모습도 공존한다. 최첨단 설비를 갖춘 기업이 준공식에서 돼지머리를 올려두고 절을 하는 장면은, 과학과 합리의 시대 한복판에 남아 있는 모순을 상징적으로 보여준다. 전통이라는 이름으로 유지되는 관습들 가운데는 성찰 없이 반복되는 것들도 적지 않다.

신앙 역시 다르지 않다. 겉으로는 현대적이고 세련되어 보이지만, 실제 판단과 선택의 근거가 비합리적 두려움이나 미신적 사고에 뿌리내리고 있다면, 그것은 성숙한 믿음이라 할 수 없다. 하나님을 믿는다는 것은 세상을 등지고 비상식의 영역으로 들어가는 일이 아니다. 오히려 창조주께서 주신 이성과 분별력을 바르게 사용하는 일이다.

건강한 신앙이란 세상과 타협하는 믿음이 아니다. 하나님 앞에서 정직하고, 사람들 앞에서 자연스러우며, 삶 속에서 일관성을 지닌 믿음이다. 교회 안에서는 경건하고 교회 밖에서는 흔들리는 모습은 참된 영성이 아니다. 예수님을 닮은 영성은 과장된 언어 대신 따뜻한 눈빛으로, 형식적인 경건 대신 삶의 책임으로 드러난다.

결국 신앙은 특별한 말투나 분위기로 증명되지 않는다. 그것은 일상의 선택과 태도 속에서 드러난다. 하나님을 아는 사람은 하나님을 신뢰하고 사랑하기 때문에 오히려 근거 없는 두려움에서 자유롭다. 참된 경건은 사람을 억누르지 않고, 세상을 도피하지 않으며, 상식 위에 굳게 선다. 그런 믿음이야말로 오늘 우리에게 가장 절실한 신앙이 아닐까.

통전적 사고

통전적 사고란 전체를 아우르며 조화를 이루는 사고를 뜻한다. 그것은 사물을 조각난 단면으로 바라보는 태도가 아니라, 여러 요소가 서로 연결되고 상호작용하며 하나의 의미 있는 전체를 이룬다는 사실을 인식하는 시선이다. '홀리스틱(Holistic)'이라는 말이 지니듯, 총체적이고 포괄적이며 온전함을 지향하는 사고다. 부분을 넘어 전체를 보는 힘, 이것이 통전적 사고의 핵심이다.

믿음의 세계에서도 이 태도는 필수적이다. 신앙은 무엇보다 순수성을 지켜야 하지만, 순수성을 지킨다는 명분으로 단편적인 정보나 떠도는 소문만을 붙들고 극단적인 판단을 내려서는 안 된다. 하나의 사건, 하나의 간증, 하나의 경험만을 절대화할 때 우리는 쉽게 편견에 빠진다. 역사 속에서 수많은 전쟁과 학살이 바로 이러한 단선적 사고에서 비롯되었다. 자기 확신에 사로잡힌 채 타인을 단죄하는 태도는 신앙의 열심처럼 보일 수 있으나, 사실은 진리를 왜곡하는 위험한 열심일 뿐이다.

특정 집단이나 사람에게 '딱지'를 붙이는 행위는 영혼의 미성숙을 드러낸다. 그것은 선교적 마음과 정반대의 태도다. 복음은 사람을 규정하기 위해 존재하지 않는다. 오히려 규정된 틀을 깨뜨리고 회복의 길을 열어 주기 위해 주어진다. 그러나 한쪽으로 치우친 신앙은 자신이 읽고 들은 몇 가지 주장만을 진리의 전부로 착각하게 만든다. 그 결과 참된 보수도, 참된 진보도 아닌 극단주의 신앙으로 기울어지기 쉽다.

극단주의는 교만과 무지의 산물이다. 특히 영적인 교만은 신앙인에게 치명적이다. 자신만이 옳다고 확신하는 순간, 타인의 목소리는 들리지 않는다. 하나님께서 선인과 악인에게 동시에 비를 내리신다는 사실을 이해하지 못하면, 우리는 쉽게 독선에 빠진다. 역사는 이를 증명한다. 아돌프 히틀러가 자행한 유대인 학살은 왜곡된 신념과 배타적 독선이 얼마나 참혹한 결과를 낳는지 보여주는 대표적인 사례다. 포용의 부재와 편협한 사고는 결국 파괴를 낳는다.

세상은 끊임없이 나를 높이라고 유혹한다. 정당한 경쟁은 필요하지만, 나를 드러내기 위해 타인에게 편견의 딱지를 붙이는 행위는 비겁하다. 더욱이 신앙의 이름으로 그런 일을 한다면 그것은 진리에 대한 모독이다. 초보적인 신앙은 자신이 이해한 좁은 범위 안에서 쉽게 결론을 내리고, 타인을 재단하려 한다. 그러나 성숙한 신앙은 시간을 들여 진리를 숙성시키는 과정을 기꺼이 감당한다. 서두르지 않고, 쉽게 단정하지 않으며, 끊임없이 자신을 돌아본다.

이 점에서 신앙은 운전과도 닮아 있다. 초보 운전자가 속도와 방향 감각을 조절하지 못하면 사고가 난다. 반면 숙련된 운전자는 안전거리를 지키고, 돌발 상황을 예측하며, 보이지 않는 사각지대까지 살핀다. 방어운전을 통해 사고를 줄이듯, 신앙생활에서도 전후좌우를 살피는 통전적 사고가 필요하다. 나의 주장뿐 아니라 타인의 입장, 현재의 상황뿐 아니라 역사적 맥락, 감정뿐 아니라 이성까지 함께 고려할 때 우리는 비로소 균형을 유지할 수 있다.

통전적 사고는 진리를 향한 겸손한 태도에서 출발한다. 내가 알고 있는 것은 전체의 일부일 뿐임을 인정하는 마음, 그래서 더 배우고, 더 듣고, 더 묻겠다는 자세가 필요하다. 진리는 조급한 사람에게 자신을 쉽게 내어주지 않는다. 오히려 오래 참고 탐구하는 이에게 조금씩 그 깊이를 드러낸다.

결국 성숙한 신앙은 넓은 시야를 가진다. 거룩한 분리를 실천하되, 동시에 거룩한 포용을 잃지 않는다. 부분이 아니라 전체를 보려는 노력, 나의 확신보다 하나님의 뜻을 더 크고 넓게 이해하려는 태도, 이것이 통전적 사고이며 건강한 믿음의 길이다. 이러한 시선을 지닌 사람만이 신앙의 사고를 줄이고, 점점 더 깊고 단단한 믿음으로 자라갈 수 있다. 부분이 아니라 전체를 보는 시선이 성숙한 신앙을 만든다.

한국 교회가 극복해야 할 유교의 잔재

나는 기독교 가정에서 태어나 어린 시절부터 신앙을 삶의 일부로 받아들이며 자랐다. 신앙은 특별한 결단이라기보다 숨 쉬듯 자연스러운 일이었다. 그러나 그 익숙함 속에는 설명하기 어려운 두려움도 함께 자리하고 있었다.

1960년대, 우리 교회에 부흥회 강사로 초청된 한 목사님의 설교를 들은 적이 있다. 그 설교는 하나님에 대한 사랑과 신뢰를 심어주기보다, 어린 내 마음에 강한 공포를 남겼다. 그는 강단을 범접할 수 없는 성역처럼 강조했고, 자신이 서 있는 자리는 특별히 구별된 영역임을 힘주어 말했다.

설교 중에는 이런 이야기도 덧붙였다. 한 성도가 조심성 없이 강단에 올라 청소를 하다가 문둥병에 걸려 다리를 절단하게 되었다는 것이다. 사실 여부를 떠나 그 이야기는 어린아이였던 내게 강렬한 공포로 각인되었다.

그 후부터 강단은 가까이 다가갈 수 없는 금단의 공간이 되었고, 목회자는 친밀하게 상담할 수 있는 목자가 아니라, 두려움의 대상이 되었다. 나는 성인이 되기 전까지 목회자에게 개인적인 신앙 상담을 받아본 기억이 거의 없다. 존경과 신뢰감 대신에 거리감과 위압감이 나의 신앙을 둘러싸고 있었던 셈이다.

한때 《공자가 죽이야 나라가 신다》라는 책이 사회적 논쟁을 불리일으켰다. 이 책은 한국 사회에 깊이 뿌리내린 유교적 가치관을 비판적으로 성찰할 것을 촉구했다. 흥미로운 점은 당시 많은 목회자들이 그 문제의식이 오히려 한국 교회 안에서 더 절실하다고 지적했다는 사실이다. 유교는 단순한 윤리 체계를 넘어 오랜 세월 동안 사회의 위계질서를 정당화하는 이념으로 기능해 왔다. 양반과 평민, 노비로 나뉘는 신분 구조 속에서 권위는 절대화되었고, 그 권위를 거스르는 일은 곧 질서를 어지럽히는 행위로 간주되었다.

'만인제사장설'은 종교개혁의 핵심 교리 가운데 하나로 자주 언급된다.

모든 신자는 하나님 앞에 직접 나아갈 수 있는 제사장이며, 특정 계층만이 영적 특권을 독점하지 않는다는 선언이다. 신학교 강의실에서는 이 교리가 분명하고도 힘 있게 가르쳐졌으며, 종교개혁의 정신을 상징하는 표어처럼 소개되기도 했다. 그러나 현실의 교회는 여전히 강단 중심으로 운영된다. 설교자는 영적 권위의 정점에 서 있고, 평신도는 듣고 따르는 위치에 머무르는 경우가 많다. 물론 질서와 책임은 필요하다. 그러나 직분이 곧 영적 우월성을 의미하는 것처럼 인식될 때, 만인제사장설은 형식적 구호로 전락한다.

교회 안에서 중요한 결정도 소수의 지도자에게 집중되고, 다수의 성도는 참여자가 아닌 수동적인 수혜자로 남는다. 이런 구조 속에서는 '모든 신자가 제사장'이라는 고백이 공허하게 들릴 수밖에 없다. 만인제사장설의 본래 정신은 권위의 해체가 아니라, 사명의 확대에 있다. 하나님 앞에 설 수 있는 특권이 모두에게 주어졌다는 것은 모두가 하나님 앞에서 책임 있는 존재라는 뜻이기도 하다.

그러나 우리는 종종 이 부름을 축소해서 신앙을 '교회에 출석하는 일'로 한정하고, 사역을 '교회 안에서 봉사하는 일'로만 이해한다. 그 결과 평신도는 다시 수동적 존재로 머물고, 목회자는 과도한 기대와 부담을 홀로 짊어지게 된다. 만인제사장설은 강의실에서 배운 지식으로 남고, 실제 교회 생활에서는 거의 작동하지 않는다.

이 간극을 줄이기 위해서는 교회 문화의 근본적인 성찰이 필요하다. 직분을 계급이 아니라 기능과 섬김의 자리로 이해하고, 의사결정과 사역의 과정에 더 많은 참여와 책임을 허용해야 한다. 또한 성도 스스로도 변화가 필요하다. 제사장이라는 이름은 특권이 아니라 사명이다. 하나님과 세상 사이에 서서 중보하고, 빛과 소금의 역할을 감당하는 삶을 의미한다. 가정과 직장, 사회 속에서 정직과 사랑, 화해와 정의를 실천하는 것이야말로 제사장적 삶이다. 교회 안에서만이 아니라 세상 한복판에서 드려지는 삶의 예배가 요구된다.

만인제사장설은 단지 종교개혁의 유산이 아니다. 오늘의 교회가 다시 살아나기 위해 붙들어야 할 본질적 진리다. 강단에서 선포되는 교리가 교회 구조와 문화, 그리고 성도의 일상 속에서 구체적으로 구현될 때, 교회는 비로소 건강한 공동체로 서게 될 것이다. 이제 이 교리가 신학교의 교과서 속 문장이 아니라, 교회의 숨결이 되기를 기대해 본다.

문제는 이러한 계급의식과 권위주의적 문화가 복음이 전파된 이후에도 교회 안에 완전히 사라지지 않았다는 점이다. 우리는 성경적 직분과 섬김의 리더십을 강조한다. 하지만 현실에서는 직분이 섬김이 아닌 지위를 의미하는 경우가 적지 않다. 목회자와 평신도, 장로와 집사, 일반 성도 사이에는 눈에 보이지 않는 위계가 형성되기도 한다. 직분이 사명이라기보다 계급처럼 인식될 때, 교회는 복음이 말하는 형제자매 공동체의 모습을 잃어버린다.

더 나아가 유교적 문화는 공동체 안에 끼리끼리 문화를 강화하기도 한다. 가족 중심적 사고와 폐쇄적 유대는 때로 옳고 그름보다 관계와 이해관계를 우선시하게 만든다. 파벌주의와 편 가르기가 반복되는 이유도 여기에 있다. 그러나 복음은 화해와 용서, 자기 부정과 희생을 통해 새로운 공동체를 세운다. 나를 높이고 우리 편을 강화하는 방식이 아니라, 자신을 낮추고 원수까지 품는 길을 제시한다.

예수께서 보여주신 공동체는 위계가 아니라, 섬김 위에 세워졌다. '너희 중에 큰 자는 섬기는 자가 되어야 한다'는 가르침은 당시의 권위주의적 질서를 정면으로 뒤흔드는 선언이었다. 그 정신이 교회 안에서 실현되지 않는다면, 우리는 여전히 복음 위에 서 있다 말하기 어렵다.

건강한 공동체는 두려움이 아니라 신뢰 위에 세워진다. 위계가 아니라 유대와 존중 위에 자란다. 그리고 그 중심에는 하나님의 화해의 능력이 있다. 자기 부정과 희생을 통해 서로를 세워가는 공동체만이 참된 교회의 모습일 수 있다.

한국 교회가 극복해야 할 유교의 잔재는 단순한 문화적 문제가 아니다. 그것은 복음의 본질과 직결된 문제다. 권위를 절대화하는 태도, 직분을 계급화하는 의식, 파벌과 배타성은 복음의 정신과 충돌한다. 이제는 전통이라는 이름으로 남아 있는 잔재를 성찰하고, 복음의 빛 아래에서 과감히 내려놓아야 한다.

교회가 두려움의 공간이 아닌 쉼과 회복의 공간이 되기 위해, 권위의 상징이 아닌 섬김의 공동체가 되기 위해, 우리는 끊임없이 자신을 돌아보아야 한다. 그것이야말로 복음에 대한 신실한 응답이며, 한국 교회가 다시 신뢰를 회복하는 길일 것이다.

한국 교회가 극복해야 할 도교의 잔재

내가 신학 공부를 시작한 1970년대 초반, 교회 안에서는 이른바 '능력'을 받기 위한 산기도가 비교적 자연스러운 신앙 행위로 받아들여졌다. 더 높은 산, 더 험한 기도원으로 올라갈수록 더 큰 은혜를 체험할 수 있다고 믿는 분위기가 있었다. 나 역시 예외는 아니었다. 전국의 기도원을 찾아다니며 밤을 새워 기도했고, 땀 흘리며 산을 오르는 열심 자체가 곧 영적 깊이를 증명한다고 여겼다.

그러나 시간이 흐르면서 나는 서서히 깨닫게 되었다. 그 열심의 한 구석엔 성경적 토대라기보다, 오랜 세월 우리 문화 속에 스며든 도교적 사고의 흔적이 자리하고 있었다는 사실이다. 특히 성령을 이해하는 방식에서 그러한 영향은 분명하게 드러났다. 성령을 인격적인 하나님으로 고백하기보다, 오랜 수련을 통해 체득하는 어떤 우주의 에너지처럼 받아들이려는 경향이 은연중에 존재했던 것이다. 지금 돌아보면, 나 역시 그 흐름 속에 있었다.

도교는 한국 역사와 문화 속에서 결코 가벼이 여길 수 없는 위치를 차지해 왔다. '도(道)'라는 개념을 중심으로 전개된 이 사상은 노자의 '도덕경'에 잘 드러나 있다. 자연과의 조화, 무위자연, 그리고 우주를 흐르는 기(氣)의 질서를 따르는 삶은 한국인의 종교적 정서와 쉽게 맞닿았다. 특히 토착 무속 신앙과 결합하면서 도교적 세계관은 민간 신앙과 일상문화 전반에 깊숙이 스며들었다.

한국에 전래된 도교는 불교의 의례와 결합하고, 유교적 제사 문화와도 영향을 주고받으며 더욱 대중화되었다. 그 결과 도교는 단순한 철학이 아니라, 우주의 정기를 모으고 다스려 건강과 장수, 복과 번영을 얻을 수 있다는 실천적 신앙 체계로 자리 잡았다. 인간이 자연 속으로 들어가 수련을 통해 기를 축적하고, 초월적 힘을 체득할 수 있다는 생각은 대중에게 강한 매력을 주었다.

이러한 배경 속에서 산기도와 금욕적 수련, 특별한 장소에서의 체험을 강조하는 신앙 형태는 어느새 자연스러운 것으로 받아들여졌다. 높은 산에서 밤을 새워 기도하면 더 큰 능력이 임한다는 믿음, 특정 공간에서 더 강한 영적 기운이 흐른다는 인식은 성경의 가르침이라기보다 도교적 감수성과 닮아 있었다. 물론 간절한 기도 자체가 문제는 아니다. 문제는 하나님과의 인격적 관계가 아닌, 어떤 영적 에너지를 획득하려는 태도로 기도를 이해할 때 발생한다.

도교는 본질적으로 자연과의 합일과 육체의 조절, 생명의 연장을 강조한다. 영혼의 구원보다는 삶의 기운을 강화하고 장수를 추구하는 데 초점을 둔다. 반면 기독교 신앙은 인간이 하나님과 인격적 관계 안에서 새 생명을 얻는 데 중심을 둔다. 성령은 다스려야 할 기(氣)가 아니라, 우리를 다스리시는 하나님이시다. 성령은 수련을 통해 체득하는 에너지가 아니라, 은혜로 우리 안에 거하시는 인격적 주님이시다.

나는 신학을 공부하면서, 과거의 열심 속에 섞여 있던 이러한 요소들을 성찰하게 되었다. 그것은 단순히 과거를 부정하는 일이 아니었다. 오히려 나의 신앙을 더 깊이 성경 위에 세우는 과정이었다. 열심이 반드시 순수함을 의미하지는 않는다는 사실, 문화적 전통이 언제나 복음과 일치하는 것은 아니라는 깨달음은 나를 겸손하게 만들었다.

한국 교회가 극복해야 할 도교의 잔재는 산에 오르는 행위 그 자체가 아니다. 문제는 하나님을 인격적으로 예배하기보다, 어떤 능력과 체험을 얻기 위한 수단으로 신앙을 전락시키는 태도다. 복음은 인간이 자연의 기운을 모아 강해지는 길을 말하지 않는다. 오히려 약함 속에서 하나님의 은혜를 의지하는 길을 가르친다.

이제 우리는 질문해야 한다. 우리의 기도와 예배는 하나님을 향한 사랑과 순종에서 비롯된 것인가, 아니면 더 큰 능력과 체험을 얻고자 하는 욕망에서 비롯된 것인가. 성경 앞에서 자신을 비추어 볼 때, 비로소 한국 교회는 문화적 혼합 속에서 잃어버린 신앙의 순수성을 회복할 수 있을 것이다.

한국교회에 스며든 뿌리 깊은 무속 신앙

한국 사회에서 무속 신앙이 수행해 온 역할을 전적으로 부정할 수는 없다. 오랜 세월 동안 무속은 사람들의 근심과 두려움을 덜어 주고, 소박한 소망을 이루도록 돕는 기능을 감당해 왔다. 삶의 불확실성과 고난 속에서 무속은 일종의 정서적 안전망이었으며, 그 과정에서 한국인의 독특한 의식 구조와 생활양식을 형성하는 데 결정적인 영향을 미쳤다.

한국의 역사 속에서 유교는 정치와 사회 질서를 지탱했고, 불교와 도교는 정신과 육체의 영역에 깊은 흔적을 남겼다. 그러나 이 모든 사상과 종교의 토양 아래에는 무속 신앙이 자리하고 있었다. 무속은 때로는 이들 종교를 흡수하고, 때로는 그 안으로 스며들며 민중의 삶 전반에 개입해 왔다. 액운을 막고 문제를 해결해 주는 '해결사'로서의 역할을 감당하며, 삶의 전 영역을 포괄하는 종합적 종교 형태로 기능해 온 것이다.

이러한 종교적 혼합성은 한국에 기독교가 전래될 때에도 중요한 배경이 되었다. 1908년 초기 개신교 선교사였던 언더우드(Horace G. Underwood)는 "종교적 관점에서 볼 때 무속 신앙은 오늘날 한국에서 가장 강력한 힘이다"라고 지적한 바 있다. 그의 통찰은 단순한 관찰을 넘어, 한국 사회의 종교적 토양을 정확히 짚어낸 평가였다.

흥미롭게도 한국의 무속은 기독교의 유입을 강하게 거부하지 않았다. 오히려 기독교 역시 불교나 유교처럼 또 하나의 종교로 받아들여졌다. 더 나아가 절대적 존재를 상정하는 무속적 세계관은 한국인들이 기독교의 하나님 개념을 비교적 쉽게 이해하도록 돕는 접촉점이 되기도 했다. 준비된 선교사들은 이 종교적으로 기름진 토양 위에 복음의 씨앗을 뿌렸고, 그 결과 한국교회는 급속한 성장을 경험했다.

그러나 긍정적 접촉점은 동시에 그림자도 남겼다. 무속 신앙이 추구해 온 핵심 가치 가운데 하나는 물질적 복과 현세적 안녕이다. 한국 기독교는 복의 개념을 설명하는 과정에서 무속적 의식과 정서를 적지 않게 차용해 왔다. 정치적 억압과 경제적 빈곤 속에 놓여 있던 시대적 상황은 복음이 약속하는 자유와 평등, 그리고 하나님의 복 가운데서도 특히 물질적 축복에 대한 열망을 증폭시켰다. 교회에 충실히 출석하고 뜨겁게 기도하면 복을 받을 조건이 갖추어진다고 가르쳤고, 많은 성도들은 이를 자연스럽게 받아들였다. 번영과 성공을 강조하는 설교는 대중의 기대에 부응했고, 이것은 교회의 양적 성장으로 이어졌다.

문제는 여기에서 멈추지 않는다. 오늘날에도 적지 않은 그리스도인들이 일상 속에서 무속적 사고방식을 유지한 채 신앙생활을 이어가고 있다. 지상 축복, 육신의 치유, 축귀, 강렬한 영적 체험과 능력을 신앙의 중심으로 이해하는 경향은 여전히 남아있다. 대심방과 같은 연례행사, 자녀 출생이나 생일, 사업 개업, 심지어 자동차 구입 시 드리는 기도에 이르기까지, 특정 의식을 통해 복을 확보하려는 사고는 쉽게 사라지지 않는다. 마치 목회자의 기도가 물질적 번영을 보증하는 열쇠라도 되는 듯한 인식이 자리 잡고 있는 것이다.

그러나 복음은 주술이 아니다. 주문처럼 반복한다고 효력이 발생하는 힘도 아니다. 무속적 신앙은 인간의 윤리적 책임을 충분히 요구하지 않으며, 역사 속에서 정의와 사랑을 구현하는 방향으로 사람을 이끌지도 않는다. 오히려 운명론과 보수성을 강화하여 현실 변혁의 책임을 회피하게 만들 위험이 있다. 사랑과 정의라는 복음의 핵심 가치는 의식과 체험 중심의 신앙 속에서 쉽게 주변으로 밀려난다.

물론 무속적 전통은 복음을 이해하는 데 일정한 접촉점을 제공해 주었다. 그것이 한국 교회의 성장에 직간접적으로 기여한 것도 사실이다. 그러나 이 과정에서 복음의 본질은 희미해지고 신앙이 축복을 얻기 위한 수단으로 전락했다면, 우리는 그 유산을 비판적으로 성찰하여 청산해야 한다.

한국 교회가 성숙으로 나아가기 위해서는, 복음의 본질을 왜곡시키는 신앙을 전통이라는 이름으로만 감싸 안을 수는 없을 것이다. 무속적 정서에 기대어 성장해 온 역사를 정직하게 돌아보아야 한다. 그리고 복을 '얻는' 종교가 아니라, 사랑과 정의를 '실천하는' 신앙으로 방향을 전환해야 한다. 그때에야 비로소 한국 교회는 전통을 넘어 복음의 본질 위에 굳게 설 수 있을 것이다.

교회 공동체의 책임

코로나19 바이러스가 급속히 확산되던 시기, 신천지는 '슈퍼 전파자'라는 오명과 함께 연일 뉴스의 중심에 섰다. 주류 개신교가 규정한 '이단'이라는 꼬리표는 삽시간에 대중적 분노로 번졌고, 해산을 요구하는 국민 청원은 백만 명을 훌쩍 넘어섰다. 그들은 어느새 사회적 분노를 한 몸에 받는 존재가 되었다.

그러나 역사를 돌아보면 '이단'이라는 이름은 결코 단순하지 않다. 로마 제국의 박해 아래에서 순교를 당한 초기 그리스도인들 역시 당시의 종교 권력과 정치 권력 앞에서는 이단이었다. 얀 후스는 화형을 당했고, 마르틴 루터는 파문되었으며, 잔 다르크 역시 이단 판결을 받았다. 아이러니하게도 기독교의 역사는 한때 '이단'이라 불렸던 이들의 이야기로 채워져 있다.

물론 오늘날은 정경이 확립되고 신학이 체계화된 시대다. 성경의 원리와 교회 공동체의 분별을 통해 비교적 명확하게 판단할 수 있는 기준이 존재한다. 그러나 역사 속에서 이단과 정통을 가르는 궁극적 기준은 교리의 정밀함만이 아니었다. 그들이 맺은 삶의 열매, 곧 인격과 도덕적 실천이 중요한 판단의 근거가 되었다. 사상은 선언으로 남지만, 삶은 흔적으로 남는다. 역사는 언제나 그 흔적을 통해 평가해 왔다.

사회가 극심한 혼란과 불안을 겪을 때마다, 공동체는 종종 희생양을 필요로 해왔다. 전염병과 전쟁, 경제적 수탈로 민중의 삶이 무너질 때 등장했던 중세의 마녀사냥은 그 전형적인 사례다. 사회적 약자들이 집단적 분노의 표적이 되었고, 민의라는 이름 아래 과잉 처벌이 정당화되었다. 그것은 민주 사회가 가장 경계해야 할 집단적 광기의 얼굴이었다.

오늘날 이단으로 규정된 집단 안에 적지 않은 지성인과 많은 젊은이들이 속해 있다는 사실은 우리를 불편하게 만든다. 이를 단순히 개인의 신앙이 약해서라고 설명하는 것은 지나치게 안일하다. 오히려 그들의 갈망이 컸지만, 교회가 그것을 충분히 품어주지 못했기 때문은 아닐까. 이는 개인의 일탈이라기보다 가정과 교회, 그리고 사회가 함께 만들어낸 구조적 현상으로 보아야 한다. 표도르 도스토옙스키가 '죄와 벌'에서 보여주었듯, 죄는 결코 개인만의 차원에 머물지 않는다. 사회 전체의 조건과 책임이 얽혀 있다.

청년들의 희망을 약화시키고, 불안한 미래를 안겨주면서도 그들의 고립감과 외로움을 보듬지 못한 공동체라면, 그 책임에서 자유로울 수 없다. 무엇보다 이단 집단 안에서 '행복'을 경험한다고 말하는 이들의 모습을 마주할 때, 기성 교회는 뼈아픈 질문 앞에 서게 된다. 우리는 과연 젊은 세대의 질문을 진지하게 경청해 왔는가. 정답은 가르쳤지만 질문을 품지 못한 것은 아니었는가. 신앙의 언어는 익숙했지만 삶의 언어는 빈약하지 않았는가.

많은 교회가 물질적 축복이나 내세의 구원에 집중하는 동안, 현실의 고민과 상처는 주변부로 밀려난 것은 아닌지 돌아보아야 한다. 겉으로는 공동체가 존재했지만, 그 안에서 안전한 관계와 정서적 환대는 충분히 제공되지 못했을지도 모른다. 이단으로 향한 발걸음은 단순한 배신이 아니라, 채워지지 않은 공백의 또 다른 표현일 수 있다.

결국 교회가 감당해야 할 책임은 단순히 경계를 긋는 데 있지 않다. 이름을 붙이고 낙인찍는 일보다 더 중요한 것은, 우리 스스로 어떤 열매를 맺고 있는지를 성찰하는 일이다. 정통이라는 이름이 자동으로 의로움을 보증하지는 않는다. 공동체의 진정성은 교리의 엄밀함만이 아니라, 그 안에서 살아 숨 쉬는 사랑과 정의, 그리고 책임의 실천으로 드러난다. 이단을 향한 비판이 정당하려면, 먼저 교회가 자신을 향한 질문을 피하지 않아야 한다. 결국 모든 것은 이름이 아니라, 삶의 열매로 남게 될 것이기 때문이다.

전도의 미련한 것

나는 어린 시절부터 교회에 다니며 매주 설교를 들으며 자랐다. 그러나 돌이켜보면, 그때의 나는 설교를 온전히 이해할 만한 지적·신앙적 준비가 되어 있지 않았다. 물론 그것만이 이유는 아니었을 것이다. 솔직히 말하자면, 많은 설교가 성경 구절을 이곳저곳 펼쳐 읽는 데 머무르는 경우가 적지 않았다. 말씀은 낭독되었지만, 그 맥락과 흐름은 충분히 설명되지 않았다. 그러니 그 메시지가 무엇을 말하려는지 파악하기 어려웠고, 설교는 딱딱하고 멀게만 느껴졌다.

당시 설교자들 역시 제한된 신학적 자원 속에서 성경 본문에 충실하려 애썼을 것이다. 그 진정성은 의심할 수 없다. 다만 본문이 삶과 어떻게 연결되는지 보여주는 다리가 충분히 놓이지 못했을 뿐이다. 말씀은 선포되었으나, 청중의 현실과는 다소 거리를 두고 있었다.

1970년대 후반에 이르러 한국 교회의 강단에는 변화의 바람이 불었다. 서구에서 신학을 수학한 목회자들이 등장하면서 설교는 한층 체계적이고 세련된 모습을 갖추기 시작했다. 성경은 더 이상 고대의 문서로만 남지 않았고, 오늘의 삶과 연결되는 살아 있는 메시지로 다루어졌다. 그 무렵 자주 회자되던 말이 있다. 독일의 신학자 칼 바르트(Karl Barth)가 남긴 것으로 알려진 표현, "한 손에는 성경을, 다른 한 손에는 신문을 들어야 한다"는 주장이다. 이 문장은 설교자가 텍스트와 콘텍스트, 곧 말씀과 시대를 함께 붙들어야 함을 상징적으로 보여준다.

실제로 성경은 1세기의 문서이고, 우리는 21세기를 살아간다. 그렇기에 '이 말씀이 오늘 우리에게 무엇을 의미하는가?'라는 질문은 피할 수 없다. 문제는 어느 순간부터 균형이 한쪽으로 기울기 시작했다는 데 있다. 텍스트보다 콘텍스트가 더 큰 비중을 차지하게 되었고, 성경의 원리보다 시대의 요구가 설교의 방향을 좌우하기 시작했다.

산업화와 도시화가 급속히 진행되던 시기, 사람들은 농촌을 떠나 수도권으로 몰려들었다. 교회 역시 이 거대한 이동의 흐름 속에 있었다. '적용을 잘하는 설교자'가 있는 교회로 성도들이 모였고, 대형 교회가 속속 등장했다. 그러나 그 이면에는 교회가 점차 경쟁과 마케팅의 논리를 받아들이는 현실이 자리하고 있었다. 말씀의 깊이를 묵상하기보다, 사람들의 관심과 욕구를 충족시키는 데 더 많은 에너지가 쏟아졌다. 교회는 어느덧 소비자 중심의 공간으로 변모해 갔다.

그 결과는 분명했다. 교회 간 빈익빈 부익부 현상이 심화되었고, 일부 지도자들의 윤리적 타락은 사회적 신뢰를 크게 흔들었다. 복음의 공공성과 사회적 책임은 점점 약화되었고, 교회 성장은 목표가 되었다. 결국 많은 젊은이들이 교회를 떠나는 '가나안 성도' 현상이 나타났다. 강단이 시대의 유행과 문화적 감수성에 민감해진 만큼, 정작 성경 본문 자체에 대한 깊은 천착은 약화된 것이 아니냐는 반성도 이어졌다.

2010년 이후 인터넷의 발달과 코로나19를 거치며, 설교는 또 한 번의 전환점을 맞았다. 이제 성도들은 안방에서 원하는 설교를 선택해 들을 수 있다. 수많은 탁월한 설교자들의 메시지가 온라인에 넘쳐나고, 청중의 귀는 점점 더 세련되어졌다. 이런 시대에 설교는 더욱 매끄럽고, 더욱 설득력 있으며, 더욱 흥미로워야 한다는 압박을 받는다.

그러나 성경은 하나님께서 인간을 구원하시는 방식으로 '전도의 미련한 것'을 택하셨다고 증언한다. 세상의 문화는 지혜로워 보이는 말과 세련된 논리를 선호하지만, 복음은 언제나 어느 정도 세상의 눈에 어리석어 보일 수밖에 없다. 설교가 지나치게 청중의 반감을 줄이기 위해 복음을 적절히 포장한다면, 그 순간 복음의 날것 같은 힘은 약해질 수 있다.

물론 설교가 비논리적이거나 상식에 어긋나야 한다는 뜻은 아니다. 다만 설교의 기준이 시대의 취향보다는 성경의 진리여야 한다는 것이다. 문화는 변하고 유행은 지나가지만, 말씀은 변하지 않는다. 타락한 문화 속에서 교훈적인 이야기나 세련된 삶의 격언만을 전한다면, 죄와 어둠의 권세를 뚫고 들어갈 능력을 기대하기 어렵다.

오늘 우리에게 필요한 것은 단지 말을 잘하는 설교자가 아니다. 성경에 깊이 뿌리내리면서도, 어떤 시대와 문화 앞에서도 담대히 '하나님이 이같이 말씀하신다'라고 선포할 수 있는 설교자다. 세상의 지혜에 매혹되지 않으면서도, 그 한복판에서 복음을 전할 수 있는 사람이다.

어쩌면 지금은 다시금 '전도의 미련한 것'을 붙들어야 할 때인지도 모른다. 겉으로는 어리석어 보일지라도, 그 안에 담긴 하나님의 능력을 신뢰하는 용기. 바로 그 용기가 오늘의 강단에 절실히 요구되고 있다.

신학자들의 위상

닐스 보어, 베르너 하이젠베르크, 알베르트 아인슈타인, J. 로버트 오펜하이머와 같은 물리학자들은 단지 과학 이론을 세운 학자들이 아니었다. 그들의 사유는 한 시대의 세계관을 뒤흔들었고, 정치와 윤리, 인간 존재에 대한 이해까지 재편했다. 그들이 제시한 공식과 개념은 실험실을 넘어 인류 문명의 방향을 바꾸는 동력이 되었다. 오늘날에도 과학 기술의 발전은 그들의 사유 위에 서서 세계의 미래를 설계하고 있다.

이에 비해 오늘날 신학자들의 위상은 중세는 물론 근대 초기에 비해서도 지나치게 왜소해 보인다. 한때 신학은 '학문의 여왕'으로 불리며 대학과 사회의 중심에 서 있었다. 교회와 학문, 정치와 윤리의 방향을 제시하던 신학은 공동체의 양심과도 같은 존재였다. 그러나 지금 신학은 종종 교회 내부의 담론으로 축소되고, 그 성취는 도서관 서가에 고이 보관된 고전처럼 취급된다. 전시된 정물화처럼 정교하고 세련되지만, 삶의 현장을 직접 흔들 힘은 약해 보인다.

급속한 세속화 속에서 종교적 언어는 공적 담론의 중심에서 밀려났다. 과학과 경제, 정치의 언어가 사회적 영향력을 독점하는 동안, 신학자의 목소리는 점차 주변부로 이동했다. 그러나 아이러니하게도 오늘날이야말로 신학이 더욱 절실히 요청되는 시대다. 인공지능은 인간의 책임과

자율성의 경계를 흔들고, 생명공학은 생명의 정의를 다시 묻는다. 기후 위기와 사회적 양극화는 정의와 공공선의 의미를 재정의하도록 요구한다. 이러한 질문은 단지 기술적 해법만으로는 충분하지 않다. 궁극적 의미에 대한 성찰이 필요하다.

신학자는 바로 그 지점에서 소명을 가진다. 인간은 어디서 와서 어디로 가는지, 공동체는 어떤 방향으로 나아가야 하는지, 생명과 정의란 무엇인지 등을 묻는 일은 다른 어떤 학문도 온전히 대신할 수 없다. 문제는 그 질문에 누가, 어떤 언어로, 얼마나 설득력 있게 응답하느냐에 달려 있다. 교회 내부의 교리 논쟁에만 매몰된 신학은 현대의 질문에 닿지 못하고, 세속적 흐름에 과도하게 순응하는 신학은 고유한 정체성을 잃는다. 이 두 극단 사이에서 오늘의 신학자는 새로운 자리를 찾아야 한다.

20세기에는 전쟁과 문명의 붕괴 속에서 시대를 향해 사자후를 토해낸 신학자들이 있었다. 칼 바르트는 세계대전의 폐허 속에서 인간의 오만을 고발하며 하나님의 말씀 앞에 선 인간의 한계를 선언했다. 본 회퍼(Dietrich Bonhoeffer) 목사는 전체주의에 저항하다 생명을 내어놓으며 신학이 결코 현실을 외면할 수 없음을 보여 주었다. 그들의 신학은 교회 울타리를 넘어 역사와 문명을 향해 뻗어 나갔다.

그러나 이후 신학의 발걸음은 점차 왜소해졌다. 일부 신학자들은 과거

거장들의 텍스트를 반복적으로 해설하는 데 머물거나, 제도적 안전망 안에서 학문적 생존을 우선시하는 모습을 보이기도 한다. 교단이라는 폐쇄적 구조 속에서 예언자적 긴장과 비판 정신은 점점 무뎌진다. 학문적 성취는 특정 인물의 이름을 붙인 'ㅇㅇ신학'이라는 브랜드로 소비되고, 외형적 성공은 신학적 깊이의 증표처럼 포장된다. 그러나 그 화려함 이면에서 신학의 본래적 소명은 흐려지고 있지는 않은지 묻게 된다.

그럼에도 한국 교회의 짧은 역사 속에서 열악한 환경을 딛고 학문적 깊이와 신앙적 진정성을 동시에 이룬 신학자들이 적지 않게 존재해 왔다는 사실은 분명 자랑스럽다. 압축된 근대화와 격동의 사회 변화 속에서도 성실하게 연구하고 사유한 이들의 노력은 존중받아 마땅하다. 문제는 그 유산을 어떻게 계승하고 확장할 것인가에 있다.

더 큰 우려는 신학 교육의 현장에서 비롯된다. 정치적 타협과 제도적 이해관계가 학문의 진지함을 잠식할 때, 그곳에서 훈련받는 미래의 목회자들은 어떤 신학적 토대를 갖게 될 것인가. 지역 교회로 파송될 이들이 과연 건강한 비판 정신과 깊은 영성을 동시에 지닐 수 있을 것인가. 이 질문은 단지 신학교의 문제에 그치지 않는다. 결국 어떤 신학이 가르쳐지느냐에 따라 어떤 목회자가 세워지고, 어떤 교회가 형성되며, 그 교회들이 모인 한국 교회가 어떤 얼굴을 갖게 될지를 결정하게 되기 때문이다.

오늘의 신학자는 어두운 방 한가운데 서 있는 작은 등불과도 같다. 그 빛이 세상을 단번에 바꾸지는 못할지라도, 적어도 우리가 어디에 서 있는지, 어디로 나아가야 하는지 비출 수는 있어야 한다. 과거의 권위를 회복하는 것이 목표가 아니라, 이 시대가 던지는 질문 앞에서 두려움 없이 응답하는 것이다.

신학의 위상이 초라해 보이는 시대일수록, 오히려 그 본질적 소명은 더욱 또렷해진다. 궁극적 의미를 묻는 용기, 권력과 자본 앞에서도 진실을 말하는 담대함, 교회와 사회를 동시에 향한 책임 의식. 그것이 회복될 때, 비로소 신학은 다시 살아 있는 사유로서 시대 한복판에 설 수 있을 것이다.

Chapter 6.

헬퍼십과 리더십

나의 동역자 K 장로

　　　　　　돌이켜보면 나는 참으로 복이 많은 사람이다. 훌륭한 부모님의 사랑 아래에서 자랐고, 학교에서 만난 스승들 또한 대체로 인격과 실력을 겸비한 분들이었다. 사랑하는 아내와의 만남은 지금 생각해도 분에 넘치는 선물이며, 그 인연으로 평생을 함께 걸어왔다는 사실은 내 삶의 가장 큰 감사 제목 가운데 하나다. 사회에서의 인연이나 군대에서 맺은 관계, 친구들과의 우정도 비교적 평탄했다. 남들이 흔히 겪는 배신이나 사기를 나는 한 번도 경험하지 않았다. 무엇보다 목회 여정 속에서 귀한 동역자들을 만났다는 사실은 이루 다 말할 수 없는 은혜였다.

은퇴한 목회자들이 자서전을 통해 자신의 삶을 정리하는 모습을 볼 때마다 나는 존경과 부러움을 느낀다. 그러나 나는 감히 그런 생각을 해 본 적이 없다. 내세울 만한 공로가 없고, 부끄러움이 더 많은 사람이라고 여기기 때문이다. 만일 훗날 무엇인가를 남긴다면, 그것은 내 이야기가 아니라 나와 함께 사역했던 동역자들의 이야기일 것이다. 특히 평신도 지도자들 가운데는 사랑할 뿐 아니라 본받고 싶은 이들이 적지 않았다. 사도 바울이 로마서 마지막 장에서 동역자들의 이름을 하나하나 불러 기록한 것처럼, 나 또한 그런 마음을 품고 있다.

오늘은 그 가운데 한 사람, K 장로를 떠올린다.

그는 한국과 미국의 명문 대학에서 수학하고 훈련받은 의사로, 자신이 속한 방사선 치료 분야에서 이미 최고 수준의 명성을 얻고 있었다. 그러나 새로 등록한 교인이 '저분은 무슨 일을 하시는 분입니까?'라고 묻기 전에는 스스로 자신의 직업을 밝히지 않는, 보기 드문 겸손의 사람이었다.

그와 나는 12년 동안 한 교회에서 목사와 장로로 동역했다. 그 긴 시간 동안 나는 그의 입에서 불평이나 원망의 말을 들어본 적이 없다. 그는 매주 가장 먼저 교회에 나와 예배를 준비했고, 언제나 가장 늦게 예배당을 떠났다. 선교지에도 함께 동행했고, 크고 작은 사역의 현장을 함께 누볐다. 그러나 그 오랜 세월 동안 단 한 번도 거친 말이나 불만을 들은 적이 없다. 언제나 조용히, 그러나 단단하게 곁을 지켜 주었다.

그의 신실함은 내게 큰 도전이었다. 그런 사람을 감동시키고 이끌어야 하는 목회자로서 나는 늘 긴장했다. 하지만 그것은 부담이기보다 나를 성장으로 이끄는 건강한 긴장이었다. 그의 성실함은 내 목회를 돌아보게 했고, 그의 충성은 나로 하여금 스스로를 단련하게 했다. 우리는 끝까지 건강한 관계를 유지했다. 그는 주님을 향한 믿음이 깊었을 뿐 아니라, 병원에서의 역할 또한 탁월했다.

어느 날 나는 그에게 농담처럼 물은 적이 있다. "하나님께서 주신 이 두 뇌로 돈을 버는 데만 쓰지 말고, 인류를 위해 무언가 남겨야 하지 않겠습니까?"

그는 미소를 지으며 대답했다. "목사님, 그러지 않아도 쥐 몇 마리 가지고 연구하고 있습니다." 늘 그랬다. 자랑할 만한 일도 아무 일 아닌 듯 담담히 흘려보냈다.

얼마 후 그는 포르투갈에서 열리는 학회에 논문 발표를 위해 다녀오겠다고 말했다. 그러려니 하고 지나쳤는데, 며칠 뒤 영국에 있는 한 목회자로부터 국제전화가 걸려 왔다. BBC 방송에 한국인 의사의 연구가 소개되었는데, 유전자를 이용한 방사선 치료로 의학계에 큰 반향을 일으키고 있다는 소식이었다. 근무지가 헨리포드 병원이라는데 혹시 아느냐는 질문이었다. 바로 우리 교회의 K 장로였다. 그러나 그는 교회에서 그 사실을 한마디도 언급하지 않았다. 오직 하나님께만 영광을 돌릴 뿐이었다.

그로부터 몇 해가 지나, 그의 연구를 중심으로 대규모 펀드가 조성되었고 세인트루이스 인근에 대형 암센터가 세워졌다. 그를 연구소장으로 청빙하겠다는 제안이었다. 어느 날 그는 개인적인 문제로 심방을 요청했다. 처음 있는 일이었다. 그는 3년 전부터 이 제안을 받았다고 조심스럽게 털어놓았다. 그리고 이렇게 말했다.

그 순간 나는 아무 말도 할 수 없었다. 하나님께서 그에게 맡기신 사명을 내가 어떻게 막을 수 있겠는가. 마치 내 몸의 일부가 떨어져 나가는 듯한 아픔이 일었으나, 하나님의 뜻이라 믿고 나는 그를 축복했다. 그리고 집으로 돌아가는 길에 나는 차를 돌려 텅 빈 예배당으로 향했다. 가라앉지 않는 마음을 추스르기 위해서다. 강단 아래 엎드려 한참을 그렇게 있었다. 기도조차 나오지 않는 허탈한 시간이었다.

그때 마음 깊은 곳에서 한 음성이 들려오는 듯했다.

"그동안 네가 나를 의지하지 않고, 그를 의지하고 있었구나."

그 말은 책망이었지만, 동시에 은혜였다. 나는 그를 잃는 것이 아니라, 하나님을 다시 붙드는 법을 배우고 있었던 것이다.

K 장로는 나의 동역자였지만, 동시에 나를 하나님께로 더 가까이 이끈 스승이기도 했다. 그의 겸손과 충성은 여전히 내 목회의 거울로 남아 있다. 그리고 나는 오늘도 생각한다. 내가 복이 많은 사람이라는 사실을. 그 복은 물질이나 명예가 아니라, 그런 사람을 곁에 두게 하신 하나님의 선물이었다.

소프트파워 리더십

소프트파워 리더십은 힘으로 이끄는 방식이 아니라, 인격과 섬김으로 따르게 하는 힘이다. 나는 이 사실을 아들과의 대화를 통해 비로소 깊이 깨닫게 되었다. 주변을 돌아보면, 동료 목회자들 가운데 자녀를 목회자의 길로 이끄는 이들을 종종 보아 왔다. 한때는 그것이 무척 부러웠다. 자신이 걸어온 길을 자녀가 기꺼이 따르겠다고 말하는 것은, 부모로서 더없는 자랑처럼 보였기 때문이다. 그러나 동시에 마음 한편에는 질문이 자리하고 있었다. 목회의 길은 직업 선택의 문제가 아닌 하나님의 부르심에 대한 응답이어야 하는데, 과연 부모의 기대나 권유만으로 결정될 수 있는 일일까 하는 의문이었다.

한국 교회 역사 속에는 여러 대에 걸쳐 목회자를 배출한 가문들이 적지 않다. 네 형제가 모두 강단에 섰다거나, 각자의 교회에서 의미 있는 열매를 맺었다는 이야기는 오랫동안 신앙의 모범으로 소개되어 왔다. 물론 오늘날 교회 세습 문제로 인해 그 시선을 달리하는 이들도 있지만, 한 시대에는 분명 부러움의 대상이었던 것이 사실이다.

나에게도 아들이 하나 있다. 나는 성장 과정에서 아들에게 장래 희망을 묻다가, 조심스럽게 아빠의 뒤를 이어 목회자가 될 생각은 없는지 물어보곤 했다. 그러나 언제나 한 가지 단서를 덧붙였다. "하나님이 부르실 때, 그리고 네가 그 소명을 분명히 확신할 때에만 생각해 보아야 한다." 목회는 직업처럼 선택할 수 있는 길이 아니기 때문이다. 하나님과 그의 나라를 섬기는 길은 목회 외에도 다양하다는 사실을 반복해 이야기해 주었다.

어느 해, 아들은 학생 수련회를 다녀온 후 목회자의 길을 가고 싶다고 고백했다. 우리는 그 결심을 가볍게 여기지 않았다. 동시에 이 길을 가려면 삶의 모든 영역에서 더욱 성실하고 모범적인 태도를 지녀야 한다고 권면했다. 혹시 일시적인 감정에 머물지 않을지 염려하며, 강요하지 않고 기도하며 기다리기로 했다. 이후 한동안 아들은 더욱 진지하게 신앙 생활에 임했다. 우리는 조심스럽게 그의 마음을 확인했고, 큰 방향은 유지되고 있음을 느꼈다.

대학에서 컴퓨터공학을 전공하겠다고 했을 때에도 크게 개의치 않았다. 어릴 적부터 컴퓨터를 좋아했고, 훗날 목회를 하게 되더라도 유익한 도구가 될 수 있으리라 여겼기 때문이다. 그는 재정적 지원이 넉넉지 않은 상황에서도 아르바이트를 하며 학비를 마련했고, 정해진 시간에 성실히 학업을 마쳤다. 졸업 후 짐을 정리해 집으로 돌아오던 날, 우리는 장거리 운전을 하며 오랜만에 깊은 대화를 나누었다.

나는 조심스럽게 물었다. "지금도 신학을 공부해 목회자가 되고 싶은 마음이 간절하니?" 한참을 머뭇거리던 아들은 이렇게 답했다. "아니요. 저는 아빠 같은 리더십이 없어요. 저는 오히려 리더를 따르는 사람에 가까운 것 같아요." 그 말을 듣는 순간, 나는 쉽게 말을 잇지 못했다. 실망감이 스쳤고, 동시에 복잡한 감정이 밀려왔다. 대책 없이 유학길에 올라 가족의 희생을 당연하게 여기며 사역에 매달렸던 젊은 날들이 떠올랐다. 낯선 땅에서 교회를 개척하고 생존과 사역 사이에서 고군분투했던 시간들. 그것을 곁에서 지켜본 아들에게 목회의 길은 넘기 어려운 산처럼 보였을지도 모른다.

한동안 말없이 운전대를 잡고 있던 내 마음에 한 가지 깨달음이 찾아왔다. 사람은 따르는 이가 있을 때 비로소 리더가 된다는 사실이었다. 나를 신뢰하고 함께해 준 장로들과 집사들, 그리고 성도들이 있었기에 내가 목회의 길을 걸어올 수 있었다. 나는 스스로 리더라 여겼지만, 실상은 누군가의 신뢰와 헌신 위에 서 있던 존재였다.

동시에 아들의 성품이 새롭게 보이기 시작했다. 그는 누구의 말이든 잘 경청하고, 기꺼이 따를 줄 아는 아이였다. 가정 안에서도, 친구들 사이에서도 자신을 낮추어 화목을 이루는 역할을 맡아 왔다. 사교성이 화려하지는 않지만, 어디서든 양보와 배려의 자리에 서 있는 아이였다. 나는 그 모습 속에서 예수께서 보여주신 온유와 겸손을 떠올렸다.

그때 깨달았다. 어쩌면 오늘의 시대가 필요로 하는 리더십은 강한 카리스마나 단호한 명령이 아니라, 타인의 이야기에 귀 기울이고 함께 걸어가는 부드러운 힘일지 모른다. 따르는 법을 아는 사람이야말로 진정으로 이끌 수 있다는 역설 말이다. 그렇게 생각하니, 아들의 선택이 더 이상 아쉬움으로 다가오지 않았다. 오히려 하나님께서 각 사람에게 다른 길과 나른 은사를 주신나는 사실이 분명해졌다.

지금 아들은 컴퓨터 프로그래머로서 성실히 자신의 길을 걷고 있다. 누구보다 주님을 사랑하며, 두 아이의 아버지로서 가정을 화목하게 세워 가며, 행복하게 살고 있다. 나는 더 이상 그가 목회자가 되지 않은 것을 아쉬워하지 않는다. 그의 위치에서 얼마든지 하나님과 그의 나라를 위해 쓰임 받을 수 있기 때문에 그것을 위해 기도로 후원하고 있다.

진정한 리더십은 '나를 따르라'고 외치는 데서 시작되지 않는다. 오히려 낮은 자리에서 귀 기울이고, 사랑으로 섬길 때 자연스럽게 형성된다. 그것이 예수께서 보여주신 섬김의 길이며, 오늘 우리가 회복해야 할 소프트파워 리더십의 본질일 것이다.

평신도 동역자 SK 장로

내 목회 여정에서 형제처럼 지낸 평신도 동역자 한 사람을 빼놓을 수 없다. 나는 그를 'SK 장로'라 부른다. 그는 마흔이 훌쩍 넘은 나이에 우리 지역으로 들어왔다. 어쩌다 이곳에 오게 되었느냐고 묻는다면, 나는 주저 없이 '흘러들어왔다'고 표현하겠다. 다소 거칠게 들릴지 모르지만, 그의 삶의 궤적을 알고 나면 이보다 더 적절한 표현도 없을 듯싶다.

젊은 시절 그는 가정보다 돈과 기회를 좇아 세계 여러 나라를 떠돌았다. 신앙은 그의 인생 목록 어디에도 없었다. 생존과 성공을 위해 고린도 지역을 비롯한 터키와 유라시아를 오가다가 결국 미국 땅까지 밟게 되었다. 처음에는 뉴욕에 정착했으나, 가족은 한국에 둔 채 홀로 떠돌던 삶이 결국 온 가족의 불법 체류라는 불안정한 현실로 이어졌다.

영주권 없이 미국에서 살아간다는 것은 매 순간이 두려움이었다. 합법적 신분을 얻기 어려웠던 그는 거액을 들여 브로커를 찾았지만, 사기를 당해 큰 손실을 입었다. 신분 문제로 겪은 고통은 그의 인생에 깊은 상처를 남겼다. 천신만고 끝에 신분을 해결했지만, 그 과정은 결코 가볍지 않았다.

합법적 신분을 얻은 후 그는 뉴욕에서 채소와 과일 가게를 크게 운영했다. 가진 돈과 빌린 돈을 모두 모아 시작한 사업이었지만, 결과는 실패였다. 큰 빚을 안은 채 그는 도망치듯 미시간으로 내려왔다. 이곳에 먼저 정착한 옛 친구를 따라왔지만, 내일에 대한 계획도, 분명한 방향도 없이 떠밀려온 삶이었다. 그래서 나는 그를 '흘러들어온 사람'이라 불렀다.

이민 사회에서 한인들이 가장 쉽게 발을 들이는 곳은 교회다. 사람을 만나고, 언어와 문화를 나누기 위해 주일이면 자연스레 교회를 찾는다. SK 역시 친구를 따라 우리 교회에 나오기 시작했다. 배움이 있고 머리가 명석했던 그는 생애 처음으로 복음을 들었다. 그리고 예수님을 만났다.

험한 세월을 살아온 그에게는 무엇보다 쉼이 필요했다. 그는 세탁 기술을 배우며 성실히 일상을 이어갔다. 교회 안에서 그는 지난날의 삶을 진심으로 회개했고, 신앙은 빠른 속도로 성장해 갔다. 그러나 내성적인 성격 탓에 자신의 감정과 갈등을 쉽게 드러내지 못했다. 자격지심이 있다며 스스로를 낮추곤 했다.

그럴 때마다 나는 그를 찾아갔다. 특별한 해결책을 제시하기보다, 그가 혼자가 아니라는 사실을 확인시켜 주고 싶었다. 소외되지 않도록, 외롭지 않도록, 그 곁에 서 있는 사람이 있다는 것을 알려주고 싶었다. 또한 신앙이 성숙한 몇몇 교우들과 깊은 교제를 나누도록 조용히 다리를 놓았다.

어느 날 그는 사십 평생 주님을 모르고 방황했던 삶이 부끄럽다고 고백했다. 그 고백 이후 그의 삶은 눈에 띄게 달라졌다. 교회 청소와 시설 관리를 자청했고, 누구보다 앞장서 봉사의 자리에 섰다.

우리 교회는 결코 작은 규모가 아니다. 넓은 대지 위에 예배당과 교육관, 여러 부속 건물이 자리하고 있다. 그 모든 시설을 혼자 감당하겠다고 나섰을 때, 나는 규모가 너무 크다며 만류했다. 그러나 그는 고집을 꺾지 않았다. 필요하면 인력을 요청하겠다면서도, 기본적인 관리는 자신이 맡겠다고 했다.

처음에는 잠시 타오르는 열심이라 여겼다. 그러나 1년이 지나고, 5년이 지나고, 10년이 지나도 그의 헌신은 식지 않았다. 어느덧 25년이 넘는 세월 동안 그는 한결같이 가장 낮은 자리에서 교회를 섬기고 있다. 예배 한 시간 전이면 가장 먼저 도착해 예배당 안팎을 살피고, 모든 집회가 끝난 뒤 가장 늦게 문을 닫는다.

바람이 거센 날이면 건물 곳곳을 점검하고, 넓은 잔디밭과 주차장을 돌며 쓰레기를 치운다. 겨울이면 넓은 주차장의 제설을 준비하고, 여름이면 몇 시간씩 트랙터를 몰아 잔디를 깎는다. 주중에도 거의 매일 교회에 들러 두세 시간씩 묵묵히 일하고 돌아간다. 혼자 힘으로 어려운 일이 생기면 청년들을 모아 함께 해결한다. 그의 성실함과 충성됨은 교우들에게 깊은 울림이 되었다.

신앙의 시작부터 그를 지켜본 나는 이제 그의 말보다 얼굴빛에서 먼저 마음을 읽는다. 그리고 한 가지를 배웠다. 목회란 사람을 단번에 바꾸는 기술이 아니라, 한 사람과 같은 방향을 바라보며 오래 걸어가는 인내라는 사실이다.

이런 평신도 지도지와 함께 사역할 수 있었다는 것은 내게 큰 복이었다. 그는 자신의 자리를 성실히 지켰다. 그렇다면 담임목사인 나는 어떤 모습으로 그 사랑에 응답해야 할 것인가? 이 질문은 늘 나를 멈춰 세웠고, 동시에 앞으로 나아가게 했다.

그래서 나는 초심을 잃지 않으려 애썼다. 내가 가장 잘해야 하고, 반드시 붙들어야 할 일—말씀을 준비하고 선포하는 일—에 더욱 힘썼다. 화려한 언변이나 넓은 인맥이 아니라, 말씀 앞에서의 성실함이야말로 목회자가 끝까지 지켜야 할 본분임을 SK 장로의 삶을 통해 다시 배웠다. 그를 생각할 때마다 나는 고백한다. 사람을 얻은 목회자는 이미 큰 복을 받은 사람이라고. 그리고 그 복 앞에서 나는 오늘도 스스로를 돌아본다. 다 같이 한 방향으로 오래 걸어가는 인내, 나는 그것이 목회라는 이름의 또 다른 정의라고 믿는다. SK 장로를 떠올릴 때마다 이 생각이 가장 먼저 마음에 떠오른다.

책임감과 역량을 갖춘 신앙인

신학의 계보를 나누는 방식에는 여러 스펙트럼이 있지만, 가장 단순하게는 보수주의와 진보주의로 대별할 수 있다. 나는 보수 신학을 공부했고, 전통적 신앙 환경 속에서 성장했다. 동시에 인문학적 성찰이 깊고 역사의식이 분명했던 선배들로부터 '신학은 보수적으로, 삶은 진보적으로 살라'는 말을 자주 들었다. 처음에는 이 조언이 모순처럼 느껴졌다. 한 사람이 어떻게 대비되는 두 태도를 동시에 품을 수 있단 말인가. 그러나 세월이 흐르면서 나는 그 말의 깊이를 이해하게 되었다.

한국을 떠나 미국에서 신학을 공부하고 사역한 지도 어느덧 45년이 지났다. 그 옛날 함께 공부했던 동료들과 지금도 교제하며 소통하지만, 신학적 색채와 신앙의 표현이 각자가 처한 환경에 따라 달라졌음을 실감한다. 격의 없는 대화를 즐기는 편이지만, 때로는 꾸준히 인내하며 들어야 하는 상황이 부담스럽게 느껴질 때도 있다. 상대에 대한 이해나 배려보다는, 가르치거나 설득하려는 태도가 앞서는 대화 속에서 나는 적지 않은 피로를 경험한다. 자신의 생각을 절대화하고, 다르면 정죄하기까지 하는 모습은 신앙의 이름으로 포장될 때 더욱 위험해 보인다. 그래서 때로는 거리를 두는 것이 지혜로운 관계 방식처럼 느껴지기도 한다.

그러던 중 이상범 씨의 책 '신앙 없는 천재, 재능 없는 신자'에 대한 짧은 독후감을 접했다. 분량은 길지 않았지만, 내게 적잖은 도전을 주었다. 기독교 미술의 부흥을 위해 가장 이상적인 인물은 '믿음을 가진 천재'일 것이다. 그러나 그런 사람을 찾을 수 없다면, '재능 없는 신자'보다 '신앙 없는 천재'가 더 적합할 수 있다는 주장이다. 다소 도발적인 이 문장은 내 사고의 틀을 흔들어 놓았다.

비슷한 이야기가 있다. 2차 세계대전으로 파손된 프랑스 동남부의 성당을 새로 건축할 때, 책임을 맡은 쿠투리에 신부는 세계적인 예술가들을 초청했다. 그러나 그들 중에는 유대인과 무신론자도 포함되어 있었다. 일부 교회 지도자들이 반대하자, 그는 이렇게 말했다. "믿음을 가진 천재가 가장 좋습니다. 그러나 그런 사람을 찾을 수 없다면, 재능 없는 신자보다 신앙 없는 천재가 더 적합합니다." 이 말은 신앙의 본질을 타협하자는 뜻이 아니라, 하나님의 영광을 드러내는 일에 있어 탁월함과 책임성을 결코 가볍게 여겨서는 안 된다는 통찰로 들렸다.

목회를 하면서 나는 종종 이런 질문을 던졌다. 만약 한 기독교 기업인이 직원을 채용해야 한다면, 실력은 부족하지만 신실한 크리스천과, 신앙은 없지만 탁월한 역량을 갖춘 사람 중 누구를 선택할 것인가? 현실적으로 많은 이들이 후자를 택할 것이다. 전문성과 책임감이 곧 조직의 생존과 직결되기 때문이다. 그렇다면 신앙인은 자신의 신앙을 내세우기에 앞서, 각자의 자리에서 실력을 갖추기 위해 더 치열하게 노력해야 하지 않겠는가.

하나님의 진리를 붙드는 데는 타협이 있을 수 없다. 그러나 직업 현장에서 요구되는 것은 신앙 고백이 아니라 전문 역량이다. 동시에 사회와 이웃을 대하는 태도에 있어서는 아집을 버리고 관용을 배워야 한다. 해도 되고 안 해도 되는 문제들까지 신앙의 이름으로 절대화할 때, 우리는 복음의 본질이 아니라 자신의 생각을 수호하는 데 힘을 쏟게 된다. 다름을 인정하지 못하고 정죄로 나아가는 태도는, 결국 복음을 가두는 결과를 낳는다.

신앙은 교리의 울타리 안에만 머물러서는 안 된다. 직업 현장에서 책임을 다하고, 각자의 전문 영역에서 탁월함을 추구하며, 동시에 타인을 존중하는 태도로 일할 때 복음은 교회당을 넘어 사회로 흘러간다. 신앙의 깊이와 역량의 넓이가 함께 갈 때, 비로소 그리스도인은 세상 속에서 설득력을 얻는다.

나는 여전히 보수 신학의 토대 위에 서 있다. 그러나 삶의 현장에서는 더 넓게 듣고, 더 깊이 이해하며, 더 성숙하게 책임을 감당하려 애쓴다. 책임감과 역량을 갖춘 신앙인. 이것이야말로 오늘 이 시대가 교회와 성도들에게 요구하는 모습이 아닐까. 교회가 전문성을 갖춘 성도들을 세우고, 성도들이 사회적 책임을 기쁨으로 감당할 때, 하나님 나라의 확장은 추상적 구호가 아니라 구체적 현실이 될 것이다.

하나님의 진리를 고수하는 데는 타협이 없어야 하지만, 직업 현장에서는 신앙보다 전문성과 역량을 요구한다. 그러나 이웃과 사회에 적용하는 데 있어, 해도 되고 안 해도 되는 문제에는 아집을 버리고 관용의 태도를 지닐 필요가 있다. 특히 내 생각과 다른 사람들을 정죄하지 않고, 나름도 인정하며 포용해아 한다. 직입 현장에서 그리스도인이 그린 자세로 일할 때, 복음이 교회당 안에만 갇히지 않고 이웃과 사회로 흘러 들어간다. 교회와 성도들이 전문 역량을 발휘하며 사회적 책임을 적극적으로 감당할 때 이 땅에 하나님 나라가 나날이 확장될 것이다.

위기 대응 리더십

위기 대응 능력은 리더의 진면목을 드러내는 가장 가혹한 시험대다. 평상시에는 보이지 않던 자질과 한계가 위기의 순간에 적나라하게 드러나기 때문이다.

한 전직 대통령의 리더십이 오랫동안 도마 위에 올라 있다. 그는 한때 원칙과 법치를 중시하는 인물로 평가받았다. 법 앞의 평등과 반부패를 내세워 국민의 지지를 얻었고, 그 기대 속에 대통령 자리에 올랐다. 그러나 임기 동안 보여준 행보는 많은 이들의 기대와 달랐다. 양보와 타협보다 직진형 결정을 선호하는 그의 스타일은 일부 지지층에게는 과감함과 추진력으로 비쳤지만, 다수 국민에게는 독선과 불통으로 읽혔다. 정치 경험이 부족한 비정치권 출신이라는 점을 감안하더라도, 국정 운영 과정에서 드러난 갈등 관리 능력의 한계는 분명했다. 결국 그는 무리한 결단과 판단으로 파면에 이르렀고, 그 과정은 우리 사회에 깊은 상처를 남겼다.

최근 법정에서의 증언을 통해 드러난 모습은 더욱 실망스러웠다. 자신의 결정과 행동에 대한 책임을 인정하기보다 변명과 책임 전가로 일관하는 태도는 리더십의 본질이 무엇인지를 되묻게 한다. 한 나라의 지도자가 되기까지 우리는 과연 무엇을 기준으로 검증했는가. 우리 사회의 공적 시스템은 리더의 인격과 위기 대응 역량을 충분히 가늠해 낼 수 있었던가 하는 질문이 뒤따른다.

역사는 위기 속에서 리더의 존재가 얼마나 결정적인지를 반복해 증언한다. 1775년, 미국 독립전쟁의 전환점으로 기록되는 Battle of Saratoga가 벌어졌다. 이 전투에서 식민지군은 병력과 무기 면에서 영국군에 열세

였다. 뉴햄프셔 출신의 지휘관인 다니엘 모건(Daniel Morgan)은 농부들로 구성된 소총부대를 이끌고 있었다. 실탄이 부족했던 그는 전투 전날 밤, 병사들에게 이렇게 명령했다. "사병들에게 총알을 낭비하지 말고, 견장을 단 장교들만 저격하라."

그 전략은 전황을 바꾸어 놓았다. 지휘 체계를 상실한 영국군은 병력과 장비의 우세에도 불구하고 혼란에 빠졌고, 결국 항복에 이르렀다. 전투가 끝났을 때 영국군은 사실상 장교를 잃은 상태였다. 이 사례는 지도자의 판단과 위기 대응 전략이 조직의 운명을 어떻게 바꾸는지를 극적으로 보여준다. 아무리 자원이 풍부해도 방향을 제시하고 질서를 세울 리더가 없다면, 조직은 제 힘을 발휘하지 못한다.

리더는 전쟁터에서만 필요한 존재가 아니다. 국가든 교회든, 혹은 그 어떤 공동체든 리더의 자질은 그 조직의 문화와 미래를 좌우한다. 리더는 방향을 정하는 사람이다. 비전이 없는 조직은 흩어지고, 목표가 없는 공동체는 쉽게 지친다. 반대로 현실을 정확히 진단하고, 우선순위를 분명히 하며, 필요한 결정을 책임 있게 내리는 리더는 위기를 기회로 전환한다.

위기 상황에서 리더는 혼란을 줄이고 중심을 잡아야 한다. 책임을 회피하는 대신 스스로 감당해야 하며, 실패의 원인을 타인에게 돌리기보다 공동체의 신뢰를 회복하는 데 힘써야 한다. 유능한 리더는 위기 속에서 더욱 빛나고, 무능한 리더는 위기 속에서 공동체를 무너뜨린다.

결국 리더십의 본질은 권력이 아니라 책임이다. 믿고 따르는 사람들이 있을 때 비로소 리더가 된다. 그리고 그 신뢰는 위기의 순간에 검증을 받는다. 우리가 어떤 리더를 세우고, 또 어떤 리더가 되기를 선택하느냐에 따라 공동체의 내일은 달라질 것이다. 위기 대응 리더십은 특별한 상황에서만 필요한 기술이 아니라, 평소에 쌓아온 인격과 책임감이 응축되어 드러나는 삶의 태도이기 때문이다.

나를 나눠 너를 살린다

우리 인생에는 수많은 날들이 스쳐 지나가지만, 어떤 한 순간은 오래도록 마음에 남아 삶의 방향을 바꿔 놓는다. 내게도 그런 날들이 있었다. 먼저는 예수 그리스도의 복음을 믿고 영생을 얻게 됐으니 하나님께 갚을 수 없는 생명의 빚을 졌다. 동시에 내 육신으로 인해 아내에게 너무나 큰 사랑의 빚을 졌다.

자기중심적인 학생에게 시집온 아내는, 10년 넘도록 공부만 하는 나를 불평 하나 없이 뒷바라지하며 자녀 셋을 낳아 잘 길러냈다. 나는 졸업 후에도 안정된 교회 청빙을 마다하고 교회를 개척했는데, 아내는 내 광야 생활을 말없이 순종하며 희생의 내조를 마다하지 않았다. 아내를 만난

것은 내 인생의 가장 큰 복이다.

긴 유학 생활과 두 번의 예배당 건축, 또 증축으로 몸을 얼마나 혹사시켰는지, 나는 신장질환이 발병했다, 급기야 투석 직전까지 이르렀다. 나중에 알고 보니 아내는 이미 발병 초기부터 자기 신장 하나를 내게 떼 줄 작정을 하고 있었다. 그리고 이미 혈액형과 거부반응 조사까지 받아놓고 이식을 준비해 놓은 상태였다. 아내는 전혀 주저하거나 망설임이 없었다. 그러나 나는 마음이 몹시 불편해 아내의 제안을 도저히 수락할 수가 없었다.

그래서 먼저 뇌사자의 신장을 받는 방법을 알아 봤는데, 운이 좋아도 평균 2~3년은 기다려야 기회가 온다고 했다. 차선으로 투석을 계획해 봤는데, 한 번 투석하는 데 4시간이나 소요되는 투석을 일주일에 3번이나 받아야 한다고 했다. 투석은 삶의 질을 떨어뜨릴 뿐만 아니라, 무엇보다 정상적인 목회 사역을 불가능하게 했다. 그러는 사이 신장 기능이 더 이상 버틸 수 없는 지경에 이르렀고, 아내의 적극적인 강권으로 결국 수술을 하게 됐다. 남편으로서 너무나 면목이 없었다. 의사는 담담하게 말했다.

"아내분의 수술은 45분이면 끝나고, 환자분은 다섯 시간이 걸릴 겁니다. 떼어내는 시간은 짧은데 이어붙이는 시간은 오래 걸리거든요."

누군가의 결단은 짧은 순간에 이루어지지만, 그것이 한 생명을 살리기까지는 긴 시간과 깊은 손길이 필요하다는 뜻으로 들렸다. 수술실로 들어가기 전, 우리는 준비실 침대에 나란히 누웠다. 나는 옆 침대에 누워 있는 아내의 손을 꼭 잡았다. 차가운 공기와 소독약 냄새, 분주히 오가는 의료진의 발걸음 소리 속에서, 우리는 잠시 세상과 단절된 채 서로의 체온만을 느끼고 있었다.

그 손을 붙잡고 기도하는데, 나도 모르게 회개의 눈물이 쏟아졌다. 감사보다 먼저 밀려온 것은 아내를 향한 깊은 미안함이었다. 어쩌다가 나 같은 사람을 만나 이런 희생을 치러야 하는가 싶었다. 평생을 함께하며 이미 많은 짐을 충분히 지고 살아온 사람에게, 이제는 몸의 일부를 요구하게 된 현실 앞에서 나는 숨이 막힐 듯 가슴이 조여 왔다. 고마움은 차마 입 밖으로 나오지 않았고, 미안하다는 말만 속으로 수없이 되뇌었다.

몸의 일부를 건넨다는 건 단순히 의학적 행위가 아니다. 낭떠러지 끝에 있는 사람에게는 다시 시작이 되는 일이며, 절망의 자리에서 새로운 숨결이 피어나는 순간이다. 이는 내주는 이조차 어쩌면 죽음의 문턱을 마주해야 하는 결단이며, 가족의 눈물과 함께 이뤄지는 선택이었다. 게다가 아무리 자발적인 사랑의 선택이라 할지라도, 결단의 순간에는 누구라도 두려움과 망설임을 느낄 수밖에 없을 것이다. 그럼에도 아내는 내 앞에서 일절 흔들리는 모습을 보이지 않았다. 아내의 행위는 나를 향한 가장 극적인 사랑의 표현이었다. 창세기에서 아담을 위해 돕는 '배필'에 사용된 원어가 주로 하나님이 인간을 도우실 때 사용되는 단어였던 이유를 더 깊이 깨닫게 됐다. '나를 나눠 너를 살린다'라는 고백은 단순한 구호가 아니라, 장기를 나눠 한 몸이 된 우리 부부의 삶의 고백이 됐다.

나는 오늘도 아내가 공여해 준 그 신장으로 숨 쉬며 살아간다. 이제 내 삶은 내 것이면서 동시에 아내의 것이다. 그래서 나는 매일 그 사랑의 빚을 기억하려 한다. 아내의 사랑이 지금의 나를 존재하게 했다는 사실 때문에 나는 종종 눈시울이 뜨거워진다. 이제 우리 부부는 살아온 날보다 앞으로 남은 날을 기대하기 시작했다. 삶의 유한성을 자각한 우리는 더 중요한 본질을 붙들고 삶의 의미와 우선순위를 다시 묻는다. 은퇴 이후의 삶은 바로 그 질문에 대한 대답을 찾아기는 여정이다. 내가 비교적 이른 나이에 은퇴를 결심한 이유도 그 깨달음과 무관하지 않다.

그 동안 나는 내 중심적이고 목회 중심적인 삶을 살아왔다. 그러나 이제는 나를 위해 기꺼이 자신의 전부를 내주신 주님의 영광을 위해 살고 싶다. 동시에 자신의 일부를 내어준 아내를 위해 살고 싶다. 남은 생애는 계산하지 않고, 조건을 달지 않으며, 대가를 바라지 않는 삶으로 헌신하고 싶다. 사랑은 말로 증명되지 않기에 부단한 희생으로 드러내야 할 것이다.

동역의 기쁨

　　　　나는 현재 한국의 소중한 목회자들을 만나며 '디모데 지도자 훈련(TLT)'을 소개하는 데 시간과 마음을 쏟고 있다. 북미 개혁교단(Christian Reformed Church in North America)에서 개발된 '디모데 지도자 훈련(TLT)'은 전 세계 40여 개국에서 쓰임 받는 프로그램이다. 세워진 한 사람이 또 다른 사람을 세우는 이 과정은 관계의 기술을 익히기 이전에 복음의 본질이 우선이라는 믿음에 기초한 훈련 과정이다. 그래서인지 이 사역을 소개할 때마다 단순히 커리큘럼 하나를 전달하는 것이 아니라, 한국 교회를 향한 하나님의 기대를 함께 나눈다는 벅찬 마음이 든다.

이 사역이 한국 땅에 뿌리내리는 과정에는 하나님의 세밀한 섭리와 그분이 엮어주신 특별한 인연이 자리하고 있다. 1980년대 초, 미시간 칼빈 신학교(Calvin Theological Seminary)에서 수학하며 젊은 날의 열정을 함께 나눈 분이 있는데, 존경하는 선배이자 동역자인 류호준 교수이다.

우리는 풋풋한 신학생으로 처음 만났다. 그 후 각자의 소명을 따라 수십 년의 세월을 분주히 살았다. 틈틈이 소식은 나누었으나 아무래도 물리적 거리가 멀다 보니, 대면하는 일은 엄두를 내지 못했다. 그랬던 우리가 이제 머리카락에 세월의 흔적이 내려앉은 모습으로 그의 연구실에 마주 앉아, 다시금 하나님 나라의 비전을 이야기하고 있다. 실로 오랜만의, 그러나 필연적인 재회였다.

우리가 각자의 사역에 집중하느라 서로 간에 물리적 거리를 좁히지 못하는 동안 세상은 눈부시게, 아니 두려울 만큼 빠르게 변했다. 기술은 하루가 다르게 진보하고, 어제의 가치관은 오늘의 낡은 것으로 치부되곤 한다.

그런데 놀라웠다. 모든 것이 변해버린 것 같은 세상 속에서 그를 다시 만난 순간, 나는 이상하리만큼 깊은 안도감을 느꼈다. 그는 여전히 순수한 '날것' 그대로였다. 계산되거나 꾸미지 않았고, 켜켜이 쌓인 세월의 두께에도 불구하고 신학생 시절의 본질을 잃지 않고 있었다.

40년이라는 시간을 단숨에 건너뛰어, 우리는 마치 어제 헤어졌다 오늘 다시 만난 사람들처럼 대화를 이어 갔다. 설명이 길지 않아도 통했고, 조심스러운 탐색 없이도 신뢰가 흘렀다. 말이 막히지 않았고, 마음이 막히지 않았다. 그 자연스러운 소통 속에서 나는 문득 깨달았다. 하나님께서 내 삶의 중요한 고비마다 사람을 예비해 두신다는 사실을 말이다. 그는 어쩌면 내 인생 여정의 요소요소에 배치된 '천사'와도 같은 존재일지 모른다. 내가 지쳐 있을 때 용기를 북돋아 줬고, 내 부족한 부분을 늘 메워 줬으며, 혼자라면 망설였을 그 길을 함께 내딛게 해 준 사람이다.

내가 평생 절실하게 깨달은 건, 결국 사역은 사람을 통해 이뤄진다는 사실이다. 좋은 제도와 치밀한 전략도 필요하지만, 결정적인 순간 길을 여는 것은 한 사람의 진실한 마음과 변하지 않는 신뢰다. 한국 교회 안에 새로운 지도자들을 세우는 이 중차대한 일을 시작하며, 그 출발점에 이런 신실하고 존경할 만한 동역자가 서 있다는 사실이 내게는 더할 나위 없는 큰 기쁨이요 은혜다.

세월은 흘렀지만, 하나님 안에서 맺어진 관계는 마르지 않는다. 오히려 시간이 흐를수록 깊어지고 단단해진다. 그 견고한 관계 위에 세워지는 사역이기에, 사람의 야망이 아닌 하나님의 섭리 안에서 자라갈 것임을 확신한다. 사역의 화려한 열매를 구하기보다, 먼저 그 길을 함께 걸어갈 동역자를 허락하신 하나님의 섬세한 배려에 깊이 감사드린다. 이것이 바로 변치 않는 동역의 기쁨이다.

Chapter 7.

사유의 쓸모

말과 경건

"듣기는 속히 하고 말하기를 더디 하라."
이 말씀은 나이가 들수록 점점 더 깊이 가슴에 새겨진다. 젊은 시절에는
설교의 본문으로 스쳐 지나갔던 구절이지만, 이제는 나 자신의 삶을 비
추는 거울이 되었다.

나는 평생 남 앞에서 가르치고 권면하는 일을 직업으로 살아왔다. 그러
다 보니 어느 순간, 가르치고 설명하고 정리하는 태도가 습관처럼 몸에
배어 있음을 발견한다. 상대의 말을 끝까지 듣기도 전에 결론을 짓고,
조언을 덧붙이며, 방향을 제시하려는 조급함이 앞선다. 요즘 아내가 내
게 가장 자주 하는 말도 바로 그것이다. "당신은 남의 말을 끝까지 잘 듣
지 않는다." 고치려 애쓰지만, 수십 년 굳어진 습관은 생각보다 완고하
다. 그래서 최근 내 경건에 대한 고민은 '말'의 문제와 깊이 맞닿아 있다.

적어도 나에게 경건은 기도 시간의 길이나 경건 서적의 독서량으로 측정되지 않는다. 오히려 남의 말을 얼마나 성실히 들어주는가, 내 말을 얼마나 절제하는가와 더 직접적으로 연결되어 있다. 성경은 혀를 제어하지 못하는 경건은 헛된 것이라고 단언한다. 경건을 뜻하는 영어 단어 'religion'이 종교적 행위를 떠올리게 하지만, 성경이 말하는 참된 경건은 외형보다 내면의 절제에 가깝다. 특히 말의 절제는 그 핵심에 있다.

우리는 흔히 경건을 외적인 모습에서 찾는다. 성경책을 들고 다니는 모습, 말수가 적고 점잖은 태도, 조심스러운 걸음걸이에서 경건을 연상한다. 그러나 인간은 남 앞에서 자신을 가장 능숙하게 속일 수 있는 존재다. 우리는 타인을 속일 뿐 아니라, 스스로에게도 쉽게 속는다. 말은 적지만 마음은 교만할 수 있고, 겉으로는 경건해 보여도 속으로는 분노와 판단이 들끓을 수 있다.

한국 교회는 성경 읽기를 매우 강조해 왔다. 많은 성도가 성경 통독과 연구에 열심이다. 그러나 왜 읽는지에 대한 질문은 상대적으로 적다. 성경은 지식을 쌓기 위한 책이 아니다. 그것은 하나님의 사람을 온전하게 하여, 선한 일을 행할 능력을 갖추게 하려는 목적을 지닌다. 성경은 말씀을 거울에 비유한다. 거울을 보는 이유는 자신의 얼굴에 묻은 얼룩을 확인하고 고치기 위함이지, 거울 자체를 자랑하기 위함이 아니다. 말씀을 읽고도 말과 태도가 달라지지 않는다면, 우리는 거울을 보고도 등을 돌려 버린 사람과 다르지 않다.

우리 민족은 열정과 에너지가 풍부하다. 그러나 동시에 분노를 쉽게 드러내는 기질도 지니고 있다. 말이 제대로 전달되었는지보다, 내 감정을 얼마나 쏟아냈는지가 더 중요해지는 순간이 적지 않다. 화를 내고 나면 마치 이긴 것처럼 느끼지만, 실상은 감정만 소비했을 뿐 문제는 그대로 남아 있다. 목소리가 큰 사람이 이기는 구조 속에서, 사회는 점점 더 거칠어지고 대화는 설 자리를 잃는다.

화가 치밀어 오를 때일수록 우리는 한 박자 멈추어야 한다. 내 안의 억눌린 욕망과 분노가 여과 없이 쏟아지지 않도록, 스스로를 붙들어야 한다. 감정이 아닌 이성으로, 충동이 아닌 성찰로 상황을 바라보는 훈련이 필요하다. 그것이 곧 경건의 훈련이다.

'듣기는 속히 하고 말하기를 더디 하라'는 말씀은 단순한 언어 예절이 아니다. 그것은 나의 요구와 주장보다, 타인의 존재와 목소리를 먼저 존중하라는 요청이다. 경건은 말수가 적은 데서 시작되지 않고, 귀가 열릴 때 시작된다. 귀가 열릴 때 비로소 우리는 타인을 이해하게 되고, 그때에야 우리의 말도 생명을 얻는다.

이제 나는 설교를 잘하는 목회자이기보다, 잘 듣는 사람이 되고 싶다.

말을 줄이고 귀를 여는 일, 그것이 내 남은 생애의 경건 훈련이 되기를 소망한다.

악처와 양처

목회인가, 가정인가? 이 질문은 나의 신학 수업 기간보다 더 오래, 더 깊이 내 마음에 남아 있다.

신학 공부를 위해 미국에 도착했을 때, 나는 적잖은 문화적 충격을 경험했다. 그중에서도 입학 직후 실시된 심리 검사는 잊을 수 없는 기억이다. 학기가 시작되기도 전에 신입생 전원이 네 시간에 걸쳐 약 천 문항에 달하는 질문에 답해야 했다. 질문은 집요할 만큼 반복되었고, 응답자는 끝없이 자신의 내면을 들여다보아야 했다.

그 검사는 서구 신학 교육의 한 단면을 선명하게 보여주었다. 목회자로 시무하기에 정서적으로 충분히 안정되어 있는지, 합리적 판단과 책임 있는 결단을 감당할 수 있는지, 정신적·영적 건강에 문제가 없는지를 과학적이고 통계적인 방식으로 점검하는 과정이었다. 필요하다고 판단되면 전문 상담을 받도록 하는 체계도 갖추어져 있었다. '은혜'와 '소명'이라는 주관적 확신을 강조하던 환경에서 자라온 나로서는 낯설었지만, 동시에 신선한 경험이었다.

검사 결과를 토대로 전문 심리학자와 일대일 면담을 하던 자리에서, 한 질문이 내게 던져졌다.

"목회에서 무엇이 더 중요한가? 목회인가, 가정인가?"

이 질문은 단순한 우선순위의 문제가 아니었다. 특히 부부 관계에 초점이 맞추어져 있었다. 부부 관계가 가정 전체의 중심이며, 가장 가까운 아내와 자녀에게 존경과 사랑을 받지 못하는 사람이 과연 교회를 건강하게 섬길 수 있겠느냐는 문제의식이었다. 이 질문은 졸업 구두시험에서도, 청빙을 위한 노회 고시에서도 반복되는 핵심 질문 가운데 하나였다.

나는 그들이 기대하는 답을 알고 있었다. '가정이 더 중요하다.' 이론적으로도, 성경적으로도 타당해 보였다. 그래서 주저 없이 그렇게 대답했고, 실제로 그렇게 살아보려 애썼다. 그러나 한국의 목회 현실은 생각만큼 단순하지 않았다. 목회자가 가정을 우선에 둔다는 태도는 문화적으로도, 정서적으로도 쉽게 받아들여지지 않았다. 교회는 은근히 '헌신'을 요구했고, 그 헌신의 이면에는 가족의 침묵과 희생이 전제되어 있었다.

역사의 아이러니는, 동서고금을 막론하고 부부 갈등 속에 살았던 인물들 가운데 시대의 영웅들이 적지 않다는 사실이다. 그래서 '악처와 살면 철학 책이 필요 없고, 양처와 살면 주치의가 필요하다'는 말까지 생겨났는지도 모른다.

고대 그리스의 철학자 소크라테스의 아내 크산티페는 흔히 '악처'의 대명사로 언급된다. 그는 가정의 불평과 갈등 속에서도 사유를 멈추지 않았고, 오히려 그러한 긴장 속에서 위대한 철학이 탄생했다는 해석도 있다. 그러나 아내의 시선에서 본다면, 그는 경제력도, 가정에 대한 책임도 부족한 남편이었을 것이다.

러시아의 대문호 레프 톨스토이 역시 평탄치 않은 결혼 생활을 했다. 그는 《전쟁과 평화》와 《안나 카레니나》를 집필하며 문학사에 길이 남을 업적을 남겼지만, 사회운동에 몰두하며 가정을 등한시했다는 비판을 받았다. 부부 갈등은 깊어졌고, 결국 그는 노년의 어느 날 집을 떠나 시골 역 아스타포보에서 쓸쓸히 생을 마감했다. 위대한 작가의 삶 이면에는 한 가정의 상처가 놓여 있었다.

뜻밖에 감리교 창설자 요한 웨슬리 역시 평탄치 않은 결혼 생활로 유명하다. 그는 아내의 극심한 간섭과 갈등 속에서도 순회 설교와 조직 사역을 멈추지 않았다. 그의 사역은 세계 교회사에 큰 발자취를 남겼지만, 그 개인적 삶은 결코 평온하지 않았다.

이 인물들의 공통점은 분명하다. 가정의 불화와 인간적 아픔 속에서도 자신에게 주어진 사명에 집중했고, 결국 역사에 적지 않은 영향을 미쳤다는 점이다. 그들은 분명 비범한 인물들이었다.

그러나 나는 그들처럼 시대를 뒤흔들 재능도, 극적인 소명 의식도 없다. 다만 평범한 목회자로서, 아내와 자녀에게 존경받는 남편이자 아버지로 살아가고 싶을 뿐이다. 그런데도 이 소박한 소망을 온전히 이루는 일이 결코 쉽지 않다는 사실 앞에서, 나는 자주 부끄러워진다. 강단에서는 사랑을 말하면서도, 정작 가장 가까운 이들에게는 충분히 따뜻하지 못했던 순간들이 떠오르기 때문이다.

한국 교회를 돌아보면 여전히 목회자의 헌신과 그 가정의 희생을 당연하게 여기는 분위기가 남아 있다. 목회와 가정을 대립시키는 구조 속에서, 목회자는 늘 더 많은 헌신을 요구받는다. 그러나 교회를 건강하게 세우는 길은 목회자의 가정을 소진시키는 데 있지 않다.

이제는 교회가 달라져야 한다. 목회자가 가정에 충실할 수 있도록 격려하고 지지하는 문화가 필요하다. 가정이 무너진 사역은 오래갈 수 없기 때문이다. 악처와 양처라는 단순한 구분을 넘어, 한 사람의 소명과 한 가정의 행복이 함께 존중받는 교회가 되기를 바란다.

위대한 인물이 되지 못하더라도, 적어도 가장 가까운 사람에게 부끄럽

지 않은 남편과 아버지로 남고 싶다. 어쩌면 그것이 내가 감당해야 할 가
장 소중한 사명일지도 모른다.

지식인들의 죄와 벌

지성인을 일러 '시대의 등불'이라고 흔히
말한다. 이 말은 과연 이 시대의 지성인들은 그 이름에 합당한 책임을 감
당하고 있는가를 묻게 한다.

예로부터 사람들은 '만사는 사필귀정(事必歸正)'이라고 말했다. 모든 일은
결국 바른 데로 돌아간다는 뜻이다. 그러나 그 과정은 결코 자동적이지
않다. 특히 난세에는 스스로를 지식인이라, 지성인이라 부르는 이들이 유
난히 많아진다. 문제는 그 이름에 걸맞은 용기와 책임이 따르지 않는 경
우가 적지 않다는 데 있다. 불의한 권력에 노골적으로 부역하거나, 겉으로
는 중립을 가장한 채 실은 은밀히 편승하는 회색의 태도 역시 또 다른 부
역일 수 있다. 그들은 진정한 지식인이라기보다, 지식인의 외양을 흉내 내
는 교묘한 양비론자에 가깝다. 그리고 역사는 결국 그들을 심판해 왔다.

오늘의 한국 사회를 두고 '머리 좋고 학벌 좋은 지식인들이 나라를 망친
다'는 자조 섞인 말이 떠돈 지도 오래다. 이 말이 과장인지 아닌지는 각
자의 판단에 맡길 일이다. 그러나 '지성인'이라는 말의 기원과 의미를 되

짚어 보면, 우리가 무엇을 잃어버렸는지 어렴풋이 보이기도 한다.

'지성인(intellectual)'이라는 용어는 19세기 말 프랑스에서 태어났다. 그 배경에는 1894년 시작된 드레퓌스 사건이 있다. 유대계 장교 알프레드 드레퓌스가 간첩 혐의로 억울하게 유죄 판결을 받았던 이 사건은 프랑스 사회를 두 쪽으로 갈라 놓았다. 당시 일부 우파 인사들은 정의를 요구하며 공개적으로 발언한 학자와 작가들을 조롱하기 위해 '지성인'이라는 표현을 사용했다. '잘난 체하는 자들', '쓸데없이 남의 일에 끼어드는 자들'이라는 비아냥이 담긴 말이었다.

그러나 그 조롱의 언어를 오히려 당사자들이 받아들였다. 작가와 학자들은 '지성인 선언(Manifeste des intellectuels)'을 발표하며 스스로를 '지성인'이라 칭했다. 그때부터 이 말은 특정 이념의 대변자가 아니라, 보편적 정의를 위해 자기 전문 영역을 넘어 발언하는 사람을 가리키는 이름이 되었다.

장폴 사르트르는 《지성인을 위한 변론》에서 지성인을 '자기 일이 아닌 남의 일에 뛰어드는 자'라고 정의했다. 이 정의는 역설적이지만 본질을 찌른다. 무엇이 한 사람으로 하여금 '남의 일'에 뛰어들게 하는가. 정의와 자유, 선과 진실이라는 보편적 가치가 훼손될 때, 그것을 더 이상 남의 문제로 치부할 수 없게 만드는 내적 양심이 그를 움직인다. 지성인은 개인적 이익이나 집단의 이해관계를 넘어, 대의를 위해 말하고 행동하는 사람이다.

베르나르앙리 레비 역시《지성인 예찬》에서 지성인의 존재를 민주주의의 핵심 조건으로 보았다. 권력이 스스로를 절대화하려 할 때, 지성인의 비판과 경고는 사회를 지탱하는 마지막 안전장치가 된다. 그런 의미에서 지성인은 시대의 등불이다. 등불은 어둠을 저주하기보다, 스스로 타오름으로써 어둠을 밝힌다.

문제는 오늘 우리가 사용하는 '지성인'이라는 말이 과연 그 무게를 지니고 있는가 하는 점이다. 학위와 직함, 언변과 영향력이 곧 지성의 증거가 될 수는 없다. 지성은 정보의 축적이 아니라, 양심이 결단과 연결될 때 비로소 완성된다. 침묵해야 할 때와 말해야 할 때를 분별하고, 불이익을 감수하더라도 옳다고 믿는 바를 드러내는 태도 속에서 지성은 빛을 발한다.

한 통치자의 선택과 그 후속 처리 문제로 사회가 크게 요동쳤던 어느 해를 떠올리면, 나는 특정 인물에 대한 호불호를 넘어 한 가지를 생각하게 된다. 우리가 어떤 정치인을 지지하거나 비판하는 일이 단지 진영의 문제가 되어서는 안 된다는 점이다. 중요한 것은 그가 보여준 책임감, 공적 직분에 대한 성실함, 그리고 위기 속에서 드러난 판단력과 행정 능력이다. 동시에 그 모든 것은 법과 절차, 그리고 민주적 통제 안에서 평가

받아야 한다.

지식인과 지성인의 죄는 단순한 오판이 아니다. 그들의 침묵, 혹은 왜곡된 언어는 사회 전체에 더 큰 파장을 남긴다. 반대로 그들의 용기 있는 발언은 공동체의 방향을 바로잡는 힘이 된다. 사필귀정은 저절로 이루어지지 않는다. 누군가가 불편을 감수하고, 비난을 견디며, 어둠 속에 작은 불을 밝힐 때 비로소 가능해진다.

나는 스스로에게 묻는다. 나는 과연 남의 일에 뛰어들 준비가 되어 있는가. 내 자리와 이익을 지키는 데 급급해 정의를 외면하고 있지는 않은가. 지성인의 이름은 타이틀이 아니라, 십자가에 가깝다. 그것은 영광의 훈장이 아니라, 책임의 무게다.

결국 역사는 묻는다. '당신은 많이 알았는가'가 아니라, '알고도 무엇을 했는가'를. 그리고 그 질문 앞에서, 지식인들의 죄와 벌은 지금도 현재진행형이다.

드레퓌스 사건

드레퓌스 사건은 1894년 프랑스 육군 대위인 유대인 드레퓌스가 독일 스파이 혐의로 누명을 쓰고 유죄 판결을 받으면서 시작된 프랑스의 정치적 스캔들이다. 이 사건에서 드레퓌스는 독일 간첩 혐의로 군사 재판에서 종신형을 선고받았다. 이는 유대인이라는 점이 주된 이유였으며, 증거는 필적 유사성과 군부의 조작이었다. 2년 후 진범이 밝혀졌으나, 군부는 이를 은폐하려 했고, 오히려 진실을 알리려던 자를 징계했다.

소설가 에밀 졸라가 대통령에게 〈나는 고발한다〉라는 공개서한을 통해 군부의 잘못을 비판했고, 이 사건은 프랑스 사회 전체를 뒤흔드는 정치적 논쟁이 되었다. 이로 인해 졸라는 명예훼손 혐의로 기소되어 영국으로 망명했다. 진실이 드러나고 재심이 시작되었으나, 드레퓌스는 또다시 유죄가 인정되어 10년형을 선고 받았고, 이후 대통령 사면으로 석방되었다.

사건 발생 12년 만에 최고 법원에서 최종적으로 무죄 판결을 받으며 드레퓌스 사건은 마무리되었다. 그러나 이 사건으로 프랑스 사회는 좌우로 크게 분열되었고, 군부까지 해체되는 등 정치적으로 큰 파장을 일으켰다. 개인의 무죄를 증명하려는 사회 운동을 촉발했으며, 소수자에 대한 혐오와 국가 권력의 오용이 개인의 삶을 파괴할 수 있음을 보여주었다. 이 역사적 사건으로 말미암아 유대인들은 서유럽 사회에 동화되려 해도 차별을 피할 수 없다는 현실을 깨닫게 되었고, 시오니즘 운동의 확산에도 큰 영향을 주었다.

말의 위력

“미쳐서 춤추는 고래를 다시 바다로 돌려보내야 한다.”

언젠가 읽은 이 문장은 오래도록 내 기억에 남아 있다. 아마도 베스트셀러 ‘칭찬은 고래도 춤추게 한다’를 염두에 두고 쓴 글이었을 것이다. 이 책은 긍정적 자극이 얼마나 강력한 동기 부여가 되는지를 인상적으로 설명했다. 무심하던 고래가 따뜻한 격려를 통해 각성하고, 잠재된 능력을 드러내며 힘차게 움직인다는 비유는 많은 이들의 공감을 얻었다.

사람은 누구나 달콤한 말을 듣고 싶어 한다. 긍정의 한마디는 위축된 마음을 일으켜 세우고, 스스로를 의심하던 사람에게 다시 한 번 도전할 용기를 준다. 반복되는 말은 생각이 되고, 생각은 결국 성품으로 굳어진다. 그래서 말은 단순한 소리가 아니다. 그것은 인격을 빚는 도구다.

그러나 인격의 성장은 칭찬만으로 이루어지지 않는다. 사람은 때로 따끔한 질책을 통해 자신을 직면한다. 냉정한 분별과 아픈 충고 속에서 비로소 자신의 한계를 인정하고, 다시 제자리를 찾아간다. 문제는 우리가 질책의 내용보다 그 말이 주는 불쾌감에 더 민감하다는 점이다. 진실을 듣기보다 감정이 상한 사실에 집착한다. 그래서 설령 그것이 하나님의 말씀이라 할지라도, 어조가 날카로우면 귀를 닫아 버리기 쉽다.

성숙한 사람은 다르다. 그들은 칭찬에는 감사로, 질책에는 성찰로 반응한다. 쓴소리 속에서 자신의 부족함을 발견하고, 그것을 바로잡으려는 겸허함을 보인다. 율법만 강조하면 두려움과 위선에 빠지고, 은혜만 강조하면 방종으로 흐르기 쉽다. 균형이 필요하다. 잘못을 잘못이라 말하지 않고, 불의를 긍정의 언어로 포장하는 것은 상대에게 성장의 기회를 빼앗는 일이다. 그것은 사랑이 아니라 방임에 가깝다.

앞서의 비유는 이렇게 결론을 맺고 있었다. 칭찬은 고래의 춤을 이끌어 내지만, 질책은 고래로 하여금 자신이 무대 위의 댄서가 아니라 바다에서 숨 쉬며 살아야 하는 존재임을 깨닫게 한다는 것이다. 춤이 아무리 화려해도, 고래의 본질은 바다에 있다. 나는 이 비유가 오늘의 시대를 향한 경고처럼 느껴졌다. 오류와 실책에는 눈을 감고, 밝은 면만을 과도하게 칭송하는 문화는 결국 각성 없는 시대를 만들 수 있기 때문이다. 객관적 사실을 외면한 칭찬은 잔인한 희망 고문이 될 수도 있다.

물론 긍정의 말이 사람을 세우는 데 더 유익하다는 사실을 부정할 수는 없다. 그러나 절제된 쓴 소리 역시 인격을 다듬는 연장이 되어준다. 칭찬이 기둥이라면, 질책은 조각칼과 같다. 기둥만 세워서는 집이 완성되지 않는다. 다듬고 깎는 수고가 함께할 때 비로소 형태를 갖춘다.

나는 성장 과정에서 어머니로부터 이런 말을 자주 들었다. "내 아들은 인덕이 있어서 어디를 가든 귀히 여김을 받을 거야.” 그 말은 어린 내 마음에 깊이 뿌리내렸다. 덕분에 나는 비교적 담대했고, 사람을 만나는 일을 두려워하지 않았다. 긍정의 말이 내 자존감의 토양이 되어 주었다.

그러나 그 말에는 보이지 않는 그림자도 있었다. 사람들은 아직 나를 잘 몰라서 그렇지, 알기만 하면 나를 좋아하게 될 것이라는 막연한 확신이 생겼다. 그 결과, 관계를 위해 스스로 낮아지고 섬기는 노력에는 소홀했다. 사역의 현장에서 겪는 갈등과 오해를 통과하면서 나는 뒤늦게 깨달았다. 사람의 마음은 저절로 얻어지는 것이 아니라, 내가 낮아지고 애쓰는 만큼 열리는 것이라는 사실을.

그 깨달음은 칭찬이 아니라, 실패와 질책을 통해 얻은 열매였다. 관계 속에서 상처를 받고 때로는 따가운 지적을 들으면서, 비로소 나는 나 자신을 돌아보게 되었다. 그리고 인간관계에서도 ‘심은 대로 거둔다’는 단순하지만 무거운 진리를 배웠다.

말은 사람을 춤추게도 하고, 멈추게도 한다. 살리기도 하고, 깎아 다듬기도 한다. 그래서 우리는 말 앞에서 겸손해야 한다. 남을 세우는 칭찬을 아끼지 않되, 필요할 때는 사랑으로 진실을 말할 용기도 가져야 한다.

결국 말의 위력은 소리의 크기에 있지 않다. 그 말이 진실과 사랑 위에서 있는가에 달려 있다. 그리고 그 두 가지가 함께할 때, 말은 한 사람의 인생을 바꾸는 힘이 된다.

율법과 은혜의 삶1

19세기 러시아 문학의 하늘에는 두 개의 거대한 별이 떠 있었다. 레프 톨스토이와 표도르 도스토옙스키. 두 사람은 같은 시대를 살았지만, 생전에 단 한 번도 서로를 만나지 못했다. 그것은 단순한 우연이라기보다 어쩌면 필연이었는지도 모른다. 그들의 삶의 궤적이 너무도 달랐기 때문이다.

톨스토이는 백작 가문에서 태어난 귀족이었다. 외적으로 보면 그의 삶은 부족함이 없어 보였다. 그러나 그의 내면은 쉼 없는 질문과 갈등으로 흔들리고 있었다. 그는 하나님의 뜻에 순종하는 삶을 갈망했고, 그 순종을 금욕과 자기 절제로 구현하려 했다. 예수의 가르침을 따르기 위해 농노를 해방하고 토지를 나누어 주었으며, 막대한 저작권 수입도 포기하려 했다. 귀족의 화려한 옷을 벗고 소박한 삶을 선택한 그의 결단은 분명 숭고해 보인다.

그러나 아이러니하게도, 율법의 요구를 철저히 따르려 했던 그의 삶에서 깊은 평강을 찾기란 쉽지 않다. 그는 허무와 절망에 시달렸고, 자살

충동과 싸웠다. 인류애와 무소유를 외쳤지만, 정작 가장 가까운 가족과는 날카로운 갈등을 겪었다. 아내 소피아는 열세 자녀의 생계를 책임져야 하는 어머니였다. 이상과 현실 사이에서 그녀의 고통 또한 적지 않았을 것이다. 결국 톨스토이는 노년에 집을 떠나 방랑하다가, 한적한 시골 기차역에서 생을 마감했다. 그의 선택이 옳았는지 그른 것이었는지 단정할 수는 없다. 다만 질문은 남는다. 왜 그는 끝내 하나님의 평강 안에 머물지 못했을까.

반면 도스토옙스키의 삶은 전혀 다른 길을 걸었다. 그는 가난한 가정에서 태어났고, 젊은 시절 방탕과 도박으로 흔들렸다. 혁명 사상 모임에 가담했다가 체포되어 사형 선고를 받았고, 총살 직전 황제의 특사로 극적으로 목숨을 건졌다. 죽음의 문턱까지 갔다가 되돌아온 경험은 그의 존재를 송두리째 뒤흔들었다.

시베리아 유형지로 향하는 길에서, 그는 한 여인이 건네준 성경 한 권을 손에 쥐게 된다. 10년의 유배 생활 동안 그것은 그의 유일한 책이었다. 그는 말씀을 읽고 또 읽으며, 절망의 땅에서 하나님을 만났다. 유배를 마치고 돌아온 그는 고백했다. 누군가 그리스도가 진리가 아님을 증명하더라도, 자신은 여전히 그리스도를 택하겠노라고. 그에게 그리스도는 더 이상 교리가 아니라 존재의 근거가 되었다.

유배지에서 그는 사회의 가장 밑바닥에 있는 이들과 함께 살았다. 절도범, 강도, 사기범, 살인자들 속에서 그는 인간의 타락을 똑똑히 보았다. 인간이 스스로의 힘으로 선에 이를 수 있다는 낙관을 내려놓게 되었다. 그러나 동시에 그는 또 하나의 진실을 발견했다. 그렇게 어두운 죄인들 속에도 완전히 지워지지 않은 하나님의 형상이 남아 있다는 사실이었다. 인간은 한없이 타락했지만, 완전히 폐기된 존재는 아니라는 역설이다.

그의 작품들《죄와 벌》,《백치》,《카라마조프가의 형제들》에는 이 체험이 깊이 스며 있다. 죄의 심연과 은혜의 가능성이 동시에 공존한다. 인간은 율법으로는 정죄를 받지만, 은혜로는 다시 일어설 수 있다는 메시지가 그의 문학을 관통한다.

한 사람은 끝까지 율법의 길로 나아갔고, 다른 한 사람은 은혜의 비밀 앞에 무릎을 꿇었다고 말하면 지나친 단순화일까. 그러나 나는 두 사람의 생애 속에서 율법과 은혜라는 두 얼굴을 본다. 율법은 인간에게 높은 기준을 제시한다. 그러나 그 기준을 온전히 감당하지 못하는 자신을 직면할 때, 사람은 쉽게 절망에 빠진다. 반면 은혜는 인간의 한계를 인정하는 자리에서 시작된다. 넘어졌음에도 불구하고 다시 손을 내미시는 하나님을 경험할 때, 사람은 비로소 자유를 맛본다.

우리는 흔히 업적과 명성으로 한 사람의 삶을 평가한다. 그러나 또 하나의 질문이 남는다. 그는 자신의 존재 이유를 알고, 자유를 누리며, 평온 속에 눈을 감았는가. 삶의 마지막에서 무엇을 붙들고 있었는가.

오늘 우리 역시 선택의 기로에 서 있다. 더 완전해지려는 강박, 더 도덕적인 사람이 되려는 긴장 속에서 스스로를 몰아붙이며 살 것인가, 아니면 자신의 연약함을 인정하고 은혜 안에서 숨 쉬며 살아갈 것인가.

세상의 눈에는 톨스토이의 결단이 더 고결해 보일지 모른다. 그러나 만약 내게 둘 중 하나의 길을 택하라고 한다면, 나는 주저 없이 말하고 싶다. 나는 특별한 영웅이 아니라 평범한 인간으로, 더 자유롭고 더 행복한 삶을 선택하겠노라고. 율법의 무게 아래 짓눌리기보다, 은혜 안에서 다시 일어나는 삶을 택하겠노라고. 결국 신앙은 완벽함의 경쟁이 아니라, 은혜를 받아들이는 용기이기 때문이다.

율법과 은혜의 삶2

인간을 바라보는 두 개의 시선, 정의와 은혜라는 두 갈래의 길을 가장 극적으로 보여주는 프랑스 작가의 작품들이 있다. 빅토르 위고의《레 미제라블》과 알렉상드르 뒤마의《몬테크리스토 백작》이다. 두 작품은 서로 다른 세계관을 선명하게 대조해 보여준다.

《레 미제라블》의 장발장은 빵 한 조각을 훔친 죄와 탈옥이라는 가중처
벌로 19년 동안 갇혀 중노동을 한다. 출소했지만 세상은 받아주지 않았
다. 전과자라는 낙인은 이름보다 더 크게 그를 따라다녔다. 어느 누구도
재워주지 않았고 손을 내밀지 않았다. 추위와 냉대로 죽기 직전, 한 성
직자가 그를 맞아들여 따뜻한 식사와 잠자리를 내어준다. 그러나 장발
장은 여전히 두려움과 결핍의 사람이다. 가혹한 형벌은 그의 육체만이
아니라 영혼까지 짓밟았다. 오랜 세월의 억압은 사람을 짐승처럼 만들
수 있다는 걸 보여주듯, 그는 밤중에 은잔을 훔쳐 달아난다.

그를 잡은 형사 자베르에게는 최고의 가치가 있다. '전과자는 결코 변하
지 않는다'라는 확신이다. 그의 세계는 법과 질서, 그리고 응분의 처벌
로 단단히 세워져 있었다. 자베르에게 붙잡힌 장발장은 다시 성직자 앞
에 서게 된다. 그런데 그때 성직자는 뜻밖의 말을 한다.

"아, 다시 오셨군요. 내가 은잔과 함께 이 촛대도 드렸는데 두고
가셨더군요."

그러면서 형사가 보는 앞에서 촛대까지 건네준다. 그 순간 장발장의 내
면에서 무언가가 무너진다. 조건 없는 용서 앞에서, 19년의 감옥살이도
깨뜨리지 못했던 완고함이 무너진다. 그는 성직자가 보여준 사랑에 의
해 다시 태어난다. 이것이 은혜다. 은혜는 죄를 덮어주는 데서 멈추지

않는다. 사람을, 존재의 방향을 바꿔 놓는다.

반면 형사 자베르는 철저한 금욕주의자요 법의 파수꾼이다. 그는 정의를 사랑했고, 질서를 절대시했다. 그러나 프랑스 시민 혁명의 소용돌이 속에서 그는 장발장에게 목숨을 빚지게 된다. 자신이 단죄해야 할 죄인에게서 도리어 생명을 구원받은 것이다. 그 사건은 그의 신념을 뒤흔든다. 법이 전부라고 믿었던 세계가 흔들리기 시작한다. 정의가 설명하지 못하는 다른 차원의 영역이 있다는 사실을 인정할 수 없었던 그는 결국 난간에서 투신자살을 하고 만다. 이 소설은 '사랑과 은총(장발장)'과 '율법과 정의(자베르)'의 극적인 대립을 통해 우리에게 인간을 끝까지 변화시키는 힘은 무엇인가 묻는다.

'몬테크리스토 백작'은 이와 대조적이다. 억울한 누명을 쓰고 14년간 이프 성채에 갇혔던 에드몽 당테스는 탈옥 후 막대한 보물을 얻고 철저한 복수를 실행한다. 결국 배신자들은 각자의 죄에 상응하는 대가를 치르게 된다. 권선징악의 구조가 분명하기에 독자는 통쾌한 카타르시스를 경험한다. 악은 심판받고, 정의는 실현된다. 그러나 그 이야기 속에서도 우리에게는 인간의 근본적인 변화에 대한 의문이 남는다. 복수는 질서를 회복할지 모르지만, 영혼을 새롭게 하지는 못한다. 물론 잘못한 것을 바로잡고, 빼앗긴 것을 되돌려 받는 세상의 정의는 소중하다. 그러나 거기서 멈춘다면 우리는 여전히 계산의 세계 안에 머물 뿐이다.

은혜는 다르다. 은혜는 계산을 넘어선다. 받을 자격이 없는 이에게 주어지는 선물이다. 그리고 그 선물은 사람의 심장을 녹이고 돌처럼 굳은 내면을 부드럽게 한다. 초자연적인 힘으로 인간을 변화시킨다. 세상의 정의는 필요하다. 그러나 하나님의 백성에게 요구되는 원리는 거기서 한 걸음 더 나아간다. 우리는 정의에서 멈추는 사람이 아니라, 은혜를 알고 그 은혜를 흘려보내는 사람이어야 한다. 세상은 정의를 외치지만, 교회는 은혜를 증언해야 한다. 정의가 질서를 세운다면, 은혜는 사람을 세운다. 그리고 결국 세상을 바꾸는 힘은, 차가운 법의 칼날이 아니라 따뜻한 용서의 손길임을 잊지 말아야 한다.

골목 문화와 공동체의 가치

지난 1년 동안 나는 옆집에 누가 사는지 정확히 알지 못한 채 살아왔다. 엘리베이터에서 마주치면 가벼운 인사는 나누지만, 그 이상은 없다. 서로의 이름도, 형편도, 기쁨과 근심도 알지 못한다. 묻지 않고, 알려 하지도 않는다. 벽 하나를 사이에 두고 살지만, 삶은 철저히 분리되어 있다.

그러나 내가 어린 시절을 보냈던 동네는 달랐다. 서로 모르는 사람이 거의 없었다. 아이들까지도 서로의 집안 사정을 훤히 알고 지냈다. 한국전쟁 직후의 가난한 시절이었지만, 떡을 하면 이웃과 나누었고, 김장을 담

그러면 몇 포기씩 돌렸다. 한 집안의 경사는 온 동네의 잔치가 되었고, 한 사람의 불행은 마을사람 모두의 걱정거리가 되었다. 장난감이 없어도 아이들은 골목과 공터를 놀이터 삼아 하루 종일 뛰어다녔다. 해 질 무렵 어머니들이 하나둘씩 이름을 부르면 놀이판은 아쉬움 속에 흩어졌고, 우리는 다음 날을 기약하며 각자의 집으로 돌아갔다. 그 골목에는 가난이 있었지만, 동시에 사람의 온기가 있었다.

도시의 생명력을 평생 연구한 제인 제이콥스는 이러한 현상을 날카롭게 통찰했다. 그는 저서 '미국 대도시의 죽음과 삶'에서 오래된 동네와 좁은 골목, 인구가 밀집된 구역을 세심하게 관찰했다. 일반적으로 우리는 그런 곳을 가난과 범죄, 불결함의 이미지로 떠올린다. 그러나 제이콥스는 그 속에서 오히려 강한 연대와 상호부조, 살아 있는 공동체의 맥박을 발견했다. 건물이 낡고 거리가 비좁을수록 사람들은 더 자주 마주치고, 더 많이 의지하게 된다. 불편한 환경이 인간적 접촉을 증대시키고, 그 접촉이 도시를 살아 움직이게 한다는 것이다.

오늘날 한국의 도시는 아파트 숲으로 빽빽하다. 정비된 도로, 깔끔한 조경, 편리한 생활 인프라는 분명 우리에게 큰 편의를 제공한다. 그러나 그 편리함이 인간적인 삶의 결을 지나치게 매끈하게 깎아내고 있지는 않은지 생각해 볼 일이다. 대규모 개발과 재정비가 낙후된 환경을 개선하는 동시에, 그곳에 깃들어 있던 관계의 밀도와 생활의 온기를 함께 밀어

내고 있는 것은 아닌지.

우리는 평안보다 편안을, 기쁨보다 쾌락을 더 쉽게 선택하는 시대를 살고 있다. 불편을 제거하는 일에는 탁월하지만, 그 불편이 지켜주던 소중한 가치를 돌아보는 데는 인색하다. 공동체는 효율로 만들어지지 않는다. 사람과 사람이 얼굴을 마주치고, 우연히 부딪히고, 때로는 갈등하며 쌓아가는 시간 속에서 형성된다.

골목문화는 그런 만남의 산물이었다. 달동네와 오래된 주택가의 좁은 골목에는 아이들의 숨바꼭질 소리가 울려 퍼졌고, 어른들의 안부 인사가 오갔다. 그러나 그 골목에 자동차가 들어오면서 상황은 달라졌다. 아이들은 사라졌고, 놀이는 중단되있다. 아이들이 함께 노는 풍경이 사라졌다는 것은 단순히 한 세대의 추억이 사라진 것이 아니다. 수천 년 동안 이어져 온 인류의 놀이와 학습, 관계 맺기의 방식 하나가 자취를 감추고 있다는 뜻이기도 하다.

자동차가 활보할 수 없는 거리는 분명 불편하다. 그러나 그 불편함이 지켜주는 가치가 있다. 천천히 걷게 하고, 눈을 맞추게 하며, 말을 건네게 하는 공간. 효율은 떨어질지 모르나, 관계의 밀도는 높아진다. 얻는 것이 있다면 잃는 것도 있다. 문제는 우리가 무엇을 얻고, 무엇을 잃고 있는지 자각하지 못한 채 살아간다는 데 있다.

어쩌면 공동체의 회복은 거창한 정책이나 제도에서 시작되지 않을지도 모른다. 옆집 사람의 이름을 묻는 작은 용기, 골목에서 아이들의 웃음소리를 허락하는 도시 설계, 불편을 조금 감수하더라도 사람의 숨결을 남겨 두려는 선택에서 시작될지 모른다.

나는 오늘도 엘리베이터에서 이웃을 만난다. 짧은 인사를 건네며 문이 닫히기를 기다린다. 그 몇 초의 침묵 속에서 문득 묻는다. 우리는 너무 편리해진 대신, 너무 고립된 삶을 살고 있는 것은 아닐까. 공동체의 생명력은 여전히 우리 곁에 있지만, 우리가 돌아보지 않을 뿐인지도 모른다.

작은 것을 크게 보기

시인이자 극작가인 박서림은 〈큰 것을 작게 보고〉라는 시詩에서 세상이 비뚤어지는 이유를 이렇게 말한다. "우리는 큰 것을 지나치게 크게 보고, 작은 것을 지나치게 작게 보기 때문에 균형이 무너진다."

이 한 문장은 우리의 시선을 정면으로 흔든다. 우리는 늘 중심을 향해, 조명이 비추는 자리로만 눈을 돌려 왔다. 그러나 시인은 오히려 우리가 무심히 지나쳐 온 작고 낮은 것들을 확대해 보라고 요청한다. 개인의 아픔과 침묵, 일상의 눈물, 이름 없는 존재들의 고통을 더 크게 보라는 것이다.

연극 무대에 비유하자면, 늘 조명을 독차지하는 주인공이 아니라, 무대 구석에 서 있는 인물에게 더 많은 관심을 기울이라는 말과 같다. 위에서 아래로, 중앙에서 주변으로 시선을 옮기라는 이 요청은 단순히 미학적 제안이 아니다. 그것은 신학적이며, 동시에 목회적이다.

목회 현장에서 종종 이런 말을 듣는다. "지금은 형편이 미약하지만, 나중에 여건이 좋아지면 큰일에 충성하겠습니다." 그러나 그 약속이 삶으로 지켜지는 경우를 나는 거의 보지 못했다. 성경은 오히려 작은 일에 충성된 자에게 큰일을 맡기신다고 말한다. 더 큰 문제는 우리가 '큰일'과 '작은 일'을 구분하는 기준 자체가 지나치게 세속적이라는 점이다. 거창한 말과 화려한 계획이 세상을 바꿀 것처럼 보이지만, 실상은 일상의 사소한 책임을 성실히 감당하는 태도가 세상을 지탱한다. 모든 위대한 일은 언제나 작은 것에서 시작된다. 그러므로 우리에게 필요한 훈련은 어쩌면 큰 것을 작게 보는 훈련, 곧 과장된 욕망을 내려놓고 오늘의 작은 일에 최선을 다하는 훈련일지 모른다.

이 영역은 나 역시 평생 씨름해 온 과제다. 쉽지 않은 이유는 내가 여전히 교만하며, 동시에 열등감에서 완전히 자유롭지 못하기 때문이다. 작고 연약한 현실을 마주할 때마다 마음 한켠이 흔들린다. 그러나 아이러니하게도, 그 작음과 연약함을 겸손히 받아들일 때 오히려 마음은 평안해진다. 작음은 수치가 아니라 인간 존재의 진실에 더 가까운 자리라는 사실을 나는 여러 번 경험했다.

한국 사회는 유난히 '큰 것'을 선호한다. 역사적으로 외세의 침략과 지배를 받아온 경험 때문인지, 우리는 강함과 규모를 통해 스스로를 증명하려는 경향이 있다. 국호는 대한민국이고, 지도자는 대통령이며, 최고 학부는 대학교다. 길은 대로이고, 다리는 대교다. 일상 언어 속에서도 '대(大)' 자가 반복된다. 이 집착은 어쩌면 작음에 대한 열등감을 보상하려는 심리의 반영일지도 모른다. 그 결과 우리는 작은 것을 비하하고, 작다는 사실을 감추며 살아 왔다.

그러나 하나님 나라의 질서는 전혀 다르다. 그 나라는 작고 연약한 것을 통해 확장된다. 씨앗은 작지만, 그 안에 생명이 있다면 결국 싹이 트고 자라 큰 나무가 된다. 예수께서 말씀하신 겨자씨 비유는 바로 이 역설을 보여준다. 겉보기에는 하찮고 보잘것없지만, 생명이 담긴 작은 씨앗은 마침내 새들이 깃들 수 있는 나무로 자란다. 하나님 나라의 비밀은 크기의 문제가 아니라 생명의 문제다.

이스라엘 백성 역시 자신들의 작음과 약함 때문에 낙심했다. 강대국의 지배 아래에서 그들은 왜소해 보였다. 그러나 예수께서 선포하신 나라는 힘의 논리로 세워진 나라가 아니었다. 강하면 살고 약하면 도태되는 세상의 계산법을 넘어서는 나라였다. 그 나라는 인간의 기대를 비껴가며, 작고 낮은 자리에서 시작되었다.

믿음이란 뻔히 될 일을 확신하는 태도가 아니다. 그것은 새 일을 행하시는 하나님을 신뢰하는 것이다. 광야에 물이 나고, 사막에 강이 흐를 것을 믿는 것이다. 나에게 주어진 배역이 작아 보일지라도, 그 자리에서 감사하며 살아가는 것, 그것이 믿음의 본질이다.

하나님 앞에서 크고 작음은 결정적 기준이 아니다. 크면 얼마나 크고, 작으면 얼마나 작겠는가. 우리는 약해도 넉넉할 수 있다. 연약한 우리 안에 하나님의 강함이 거하신다는 사실을 믿기 때문이다. 그러므로 나는 오늘도 작은 것을 크게 보려 한다. 이름 없이 스러지는 이들의 아픔을, 사소해 보이는 일상의 책임을, 나 자신의 연약함을 더 깊이 들여다보려 한다.

작은 겨자씨 하나가 자라 많은 이들에게 그늘을 내어주듯, 나 또한 비록 연약하지만 누군가에게 쉼이 되는 존재가 되기를 소망한다. 작은 것을 크게 보는 눈, 그것이 세상의 균형을 다시 세우는 첫걸음일지 모른다.

소명에 대하여

한국 교회는 오랫동안 성경을 통한 특별 은총을 힘주어 가르쳐 왔다. 구원에 관한 분명한 메시지, 십자가와 부활의 복음은 신앙의 중심이었고, 그것은 결코 가볍게 여길 수 없는 진리다. 그러나 그에 비해 하나님께서 자연과 역사, 인간 사회 전반에 베푸시는 일반은총에 대한 가르침은 상대적으로 소홀히 다루어져 온 것이 사실이다. 때로는 우주보다 크신 하나님께서 오직 성경의 문자 안에만 머물러 계신 듯한 인상을 받을 때도 있다.

그러나 주님은 분명히 말씀하셨다. "예수께서 행하신 일이 이 외에도 많으니…"(요 21:25). 또한 성경 기록의 목적도 분명히 밝히셨다. "이것을 기록함은 너희로 믿게 하려 함이요…"(요 20:31). 성경은 하나님의 모든 계시를 낱낱이 담아내기 위한 책이 아니라, 인간의 구원을 위해 필요한 계시를 증언한 책이다. 하나님은 인간 구원만이 아니라, 자연의 질서와 역사, 문화와 사회, 이 땅의 모든 영역을 그의 기쁘신 뜻 가운데 통치하신다. 우리는 이를 일반은총이라 부른다.

그러므로 목회자는 성경 지식에만 머물러서는 안 된다. 역사와 철학, 문학과 예술을 아우르는 인문학적 통찰이 필요하다. 그래야 하나님의 보편적 섭리를 읽어낼 수 있고, 성도들을 편협함이 아닌 균형 잡힌 신앙으로 인도할 수 있다. 하나님의 통치는 교회 울타리 안에만 머물지 않기 때문이다.

이 지점에서 독일의 신학자 헬무트 틸리케는 그의 저서 《Heaven and Earth》에서 인상적인 두 인물을 대비시킨다. 겉으로 보기에는 많은 공통점을 지녔지만 전혀 다른 열매를 맺은 두 사람, 바로 아돌프 히틀러와 알베르트 슈바이처다.

히틀러는 연설에서 기독교적 언어를 즐겨 사용했다. 독일 민족 위에 하나님의 축복을 빈다고 공공연히 말했고, 제1차 세계대전 패전 이후 무너진 독일을 다시 일으키는 일이 하나님의 뜻이라고 확신했다. 그는 교회의 종소리와 오르간 소리가 울려 퍼지는 나라를 꿈꾸었고, 집안에 전해 내려오는 성경을 공개하며 자신의 신앙을 과시했다. 술과 담배를 멀리했고, 강한 의지와 절제된 생활로 신념을 지켜 나갔다. 겉으로 보면 경건하고 신념에 충실한 지도자로 비칠 여지도 있었다.

그러나 그의 신념은 결국 수천만 명의 생명을 죽음으로 몰아넣는 비극을 낳았다. 하나님의 이름은 그의 입술에 있었지만, 그 이름은 권력과 야망을 정당화하는 도구로 사용되었다. 그는 하나님의 뜻을 묻기보다, 자신의 뜻을 하나님의 이름으로 포장했다.

반면 슈바이처는 전혀 다른 길을 걸었다. 의학, 음악, 철학에 이르기까지 여러 박사 학위를 지닌 학자였고, 사회적으로도 존경받는 인물이었다. 부족함 없는 삶을 누릴 수 있었지만, 아프리카에서 들려온 고통의 소식은 그의 삶을 바꾸어 놓았다. 약과 치료를 받지 못해 죽어가는 생명들, 그 곁에서 절규하는 가족들의 이야기는 그에게 하나의 질문이 되었다. 하나님께서 자신에게 주신 재능과 지식은 무엇을 위한 것인가?

그는 안정된 삶을 내려놓고 아프리카로 향했다. 열악한 환경 속에서 환자들을 돌보며 평생을 헌신했다. 수많은 대학과 기관이 그를 초청했지만, 그는 고통 받는 이들 곁에 머물기를 택했다. 그에게 소명은 성공이나 명예의 다른 이름이 아니었다. 그것은 주어진 은사를 통해 타인의 생명을 살리는 일이었다.

두 사람 모두 하나님의 이름을 말했다. 그러나 한 사람은 그 이름으로 자신을 높였고, 다른 한 사람은 그 이름 앞에서 자신을 낮추었다. 한 사람은 욕망을 확장했고, 다른 한 사람은 자신을 비웠다. 그 차이가 결국 역사 속에서 전혀 다른 열매로 드러났다. 한 사람은 죽음의 상징으로, 다른 한 사람은 생명의 증언자로 기억된다.

일반은총을 바르게 이해한다는 것은 단지 신학적 개념을 정리하는 일이 아니다. 그것은 하나님께서 세상 속에 흩어 놓으신 선한 질서와 재능, 문화와 제도를 어떻게 사용할 것인가에 대한 질문이다. 우리가 가진 능력과 영향력, 직업과 기회는 누구를 향해 있는가? 나의 소명은 나를 확장하기 위한 도구인가, 아니면 타인을 살리기 위한 통로인가?

소명은 거창한 종교적 언어로만 드러나지 않는다. 그것은 일상의 자리에서 맺는 열매로 증명된다. 하나님의 이름을 부른다고 해서 곧바로 하나님의 뜻을 사는 것은 아니다. 오히려 그 이름 앞에서 자신을 비우고, 작고 연약한 이웃의 고통을 외면하지 않을 때 소명은 비로소 빛난다.

결국 소명은 선택의 문제다. 하나님께서 주신 은사를 욕망의 도구로 사용할 것인가, 아니면 섬김의 통로로 사용할 것인가. 그 선택이 한 사람의 생애를, 더 나아가 역사를 바꾼다. 하나님은 오늘도 우리 각자에게 묻고 계신다. "내가 네게 맡긴 것으로 너는 무엇을 하겠느냐"라고.